Hofmannsthal · Der Schwierige

Hugo von Hofmannsthal

Der Schwierige

Lustspiel in drei Akten

Herausgegeben
von Ursula Renner

Philipp Reclam jun. Stuttgart

Universal-Bibliothek Nr. 18040
Alle Rechte vorbehalten
© 2000 Philipp Reclam jun. GmbH & Co., Stuttgart
Gesamtherstellung: Reclam, Ditzingen. Printed in Germany 2003
RECLAM und UNIVERSAL-BIBLIOTHEK sind eingetragene Marken
der Philipp Reclam jun. GmbH & Co., Stuttgart
ISBN 3-15-018040-6

www.reclam.de

Der Schwierige

Personen

HANS KARL BÜHL

CRESCENCE, seine Schwester

STANI, ihr Sohn

HELENE ALTENWYL

ALTENWYL

ANTOINETTE HECHINGEN

HECHINGEN

NEUHOFF

EDINE

NANNI } Antoinettes Freundinnen

HUBERTA

AGATHE, Kammerjungfer

NEUGEBAUER, Sekretär

LUKAS, erster Diener bei Hans Karl

VINZENZ, ein neuer Diener

EIN BERÜHMTER MANN

Bühlsche und Altenwylsche Diener

Erster Akt

Mittelgroßer Raum eines Wiener älteren Stadtpalais,
als Arbeitszimmer des Hausherrn eingerichtet.

Erste Szene

Lukas herein mit Vinzenz.

LUKAS.
Hier ist das sogenannte Arbeitszimmer. Verwandtschaft
und sehr gute Freunde werden hier hereingeführt, oder
nur wenn speziell gesagt wird, in den grünen Salon.

VINZENZ *(tritt ein).*
Was arbeitet er? Majoratsverwaltung? Oder was? Politi-
sche Sachen?

LUKAS.
Durch diese Spalettür kommt der Sekretär herein.

VINZENZ.
Privatsekretär hat er auch? Das sind doch Hungerleider!
Verfehlte Existenzen! Hat er bei ihm was zu sagen?

LUKAS.
Hier gehts durch ins Toilettezimmer. Dort werden wir
jetzt hineingehen und Smoking und Frack herrichten zur
Auswahl je nachdem, weil nichts Spezielles angeordnet
ist.

VINZENZ *(schnüffelt an allen Möbeln herum).*
Also was? Sie wollen mir jetzt den Dienst zeigen? Es
hätte Zeit gehabt bis morgen früh, und wir hätten uns
jetzt kollegial unterhalten können. Was eine Herrenbe-
dienung ist, das ist mir seit vielen Jahren zum Bewußtsein

gekommen, also beschränken Sie sich auf das Nötigste; damit meine ich die Besonderheiten. Also was? Fangen Sie schon an!

LUKAS *(richtet ein Bild, das nicht ganz gerade hängt).*

Er kann kein Bild und keinen Spiegel schief hängen sehen. Wenn er anfängt, alle Laden aufzusperren oder einen verlegten Schlüssel zu suchen, dann ist er sehr schlechter Laune.

VINZENZ.

Lassen Sie jetzt solche Lappalien. Sie haben mir doch gesagt, daß die Schwester und der Neffe, die hier im Hause wohnen, auch jedesmal angemeldet werden müssen.

LUKAS *(putzt mit dem Taschentuch an einem Spiegel).*

Genau wie jeder Besuch. Darauf hält er sehr streng.

VINZENZ.

Was steckt da dahinter? Da will er sie sich vom Leibe halten. Warum läßt er sie dann hier wohnen? Er wird doch mehrere Häuser haben? Das sind doch seine Erben. Die wünschen doch seinen Tod.

LUKAS.

Die Frau Gräfin Crescence und der Graf Stani? Ja, da sei Gott vor! Ich weiß nicht, wie Sie mir vorkommen!

VINZENZ.

Lassen Sie Ihre Ansichten. Was bezweckt er also, wenn er die im Haus hat? Das interessiert mich. Nämlich: es wirft ein Licht auf gewisse Absichten. Die muß ich kennen, bevor ich mich mit ihm einlasse.

LUKAS.

Auf was für gewisse Absichten?

VINZENZ.

Wiederholen Sie nicht meine Worte! Für mich ist das eine ernste Sache. Konvenierendenfalls ist das hier eine Unterbringung für mein Leben. Wenn Sie sich zurückgezogen haben als Verwalter, werde ich hier alles in die Hand neh-

men. Das Haus paßt mir eventuell soweit nach allem, was
ich höre. Aber ich will wissen, woran ich bin. Wenn er
sich die Verwandten da ins Haus setzt, heißt das soviel
als: er will ein neues Leben anfangen. Bei seinem Alter
und nach der Kriegszeit ist das ganz erklärlich. Wenn man
einmal die geschlagene Vierzig auf dem Rücken hat. –

LUKAS.
Der Erlaucht vierzigste Geburtstag ist kommendes Jahr.

VINZENZ.
Kurz und gut, er will ein Ende machen mit den Weiber-
geschichten. Er hat genug von den Spanponaden.

LUKAS.
Ich verstehe Ihr Gewäsch nicht.

VINZENZ.
Aber natürlich verstehen Sie mich ganz gut, Sie Herr
Schätz. – Es stimmt das insofern mit dem überein, was
mir die Portierin erzählt hat. Jetzt kommt alles darauf an:
geht er mit der Absicht um, zu heiraten? In diesem Fall
kommt eine legitime Weiberwirtschaft ins Haus, was hab
ich da zu suchen? – Oder er will sein Leben als Junggeselle mit mir beschließen! Äußern Sie mir also darüber
Ihre Vermutungen. Das ist der Punkt, der für mich der
Hauptpunkt ist, nämlich.

(Lukas räuspert sich.)

VINZENZ.
Was erschrecken Sie mich?

LUKAS.
Er steht manchmal im Zimmer, ohne daß man ihn gehen
hört.

VINZENZ.
Was bezweckt er damit? Will er einen hineinlegen? Ist er
überhaupt so heimtückisch?

LUKAS.
In diesem Fall haben Sie lautlos zu verschwinden.

VINZENZ.

Das sind mir ekelhafte Gewohnheiten. Die werde ich ihm zeitig abgewöhnen.

Zweite Szene

HANS KARL *(ist leise eingetreten).*

Bleiben Sie nur, Lukas. Sind Sies, Neugebauer?
(Vinzenz steht seitwärts im Dunkeln.)

LUKAS.

Erlaucht melde untertänigst, das ist der neue Diener, der vier Jahre beim Durchlaucht Fürst Palm war.

HANS KARL.

Machen Sie nur weiter mit ihm. Der Herr Neugebauer soll herüberkommen mit den Akten, betreffend Hohenbühl. Im übrigen bin ich für niemand zu Hause.
(Man hört eine Glocke.)

LUKAS.

Das ist die Glocke vom kleinen Vorzimmer.
(Geht.
Vinzenz bleibt.
Hans Karl ist an den Schreibtisch getreten.)

Dritte Szene

LUKAS *(tritt ein und meldet).*

Frau Gräfin Freudenberg.
(Crescence ist gleich nach ihm eingetreten.
Lukas tritt ab, Vinzenz ebenfalls.)

CRESCENCE.

Stört man dich, Kari? Pardon –

HANS KARL.

Aber, meine gute Crescence.

CRESCENCE.

Ich geh hinauf, mich anziehen – für die Soiree.

HANS KARL.

Bei Altenwyls?

CRESCENCE.

Du erscheinst doch auch? Oder nicht? Ich möchte nur wissen, mein Lieber.

HANS KARL.

Wenns dir gleich gewesen wäre, hätte ich mich eventuell später entschlossen und vom Kasino aus eventuell abtelephoniert. Du weißt, ich binde mich so ungern.

CRESCENCE.

Ah ja.

HANS KARL.

Aber wenn du auf mich gezählt hättest –

CRESCENCE.

Mein lieber Kari, ich bin alt genug, um allein nach Hause zu fahren – überdies kommt der Stani hin und holt mich ab. Also du kommst nicht?

HANS KARL.

Ich hätt mirs gern noch überlegt.

CRESCENCE.

Eine Soiree wird nicht attraktiver, wenn man über sie nachdenkt, mein Lieber. Und dann hab ich geglaubt, du hast dir draußen das viele Nachdenken ein bißl abgewöhnt. *(Setzt sich zu ihm, der beim Schreibtisch steht.)* Sei Er gut, Kari, hab Er das nicht mehr, dieses Unleidliche, Sprunghafte, Entschlußlose, daß man sich hat aufs Messer streiten müssen mit Seinen Freunden, weil der eine Ihn einen Hypochonder nennt, der andere einen Spielverderber, der dritte einen Menschen, auf den man sich nicht verlassen kann. – Du bist in einer so ausgezeichneten Ver-

fassung zurückgekommen, jetzt bist du wieder so, wie du
mit zweiundzwanzig Jahren warst, wo ich beinah verliebt
war in meinen Bruder.

HANS KARL.
Meine gute Crescence, machst du mir Komplimente?

CRESCENCE.
Aber nein, ich sags, wie's ist: da ist der Stani ein unbe-
stechlicher Richter; er findet dich einfach den ersten
Herrn in der großen Welt, bei ihm heißts jetzt Onkel
Kari hin, Onkel Kari her, man kann ihm kein größeres
Kompliment machen, als daß er dir ähnlich sieht, und das
tut er ja auch – in den Bewegungen ist er ja dein zweites
Selbst –, er kennt nichts Eleganteres als die Art, wie du
die Menschen behandelst, das große air, die distance, die
du allen Leuten gibst – dabei die komplette Gleichmäßig-
keit und Bonhomie auch gegen den Niedrigsten – aber er
hat natürlich, wie ich auch, deine Schwächen heraus; er
adoriert den Entschluß, die Kraft, das Definitive, er haßt
den Wiegel-Wagel, darin ist er wie ich!

HANS KARL.
Ich gratulier dir zu deinem Sohn, Crescence. Ich bin
sicher, daß du immer viel Freud an ihm erleben wirst.

CRESCENCE.
Aber – pour revenir à nos moutons, Herr Gott, wenn
man durchgemacht hat, was du durchgemacht hast, und
sich dabei benommen hat, als wenn es nichts wäre –

HANS KARL *(geniert)*.
Das hat doch jeder getan!

CRESCENCE.
Ah, pardon, jeder nicht. Aber da hätte ich doch geglaubt,
daß man seine Hypochondrien überwunden haben könnte!

HANS KARL.
Die vor den Leuten in einem Salon hab ich halt noch im-

mer. Eine Soiree ist mir ein Graus, ich kann mir halt nicht
helfen. Ich begreife noch allenfalls, daß sich Leute finden,
die ein Haus machen, aber nicht, daß es welche gibt, die
hingehen.

CRESCENCE.

Also wovor fürchtest du dich? Das muß sich doch disku-
tieren lassen. Langweilen dich die alten Leut?

HANS KARL.

Ah, die sind ja charmant, die sind so artig.

CRESCENCE.

Oder gehen dir die Jungen auf die Nerven?

HANS KARL.

Gegen die hab ich gar nichts. Aber die Sache selbst ist mir
halt so eine horreur, weißt du, das Ganze – das Ganze ist
so ein unentwirrbarer Knäuel von Mißverständnissen.
Ah, diese chronischen Mißverständnisse!

CRESCENCE.

Nach allem, was du draußen durchgemacht hast, ist mir
das eben unbegreiflich, daß man da nicht abgehärtet ist.

HANS KARL.

Crescence, das macht einen ja nicht weniger empfindlich,
sondern mehr. Wieso verstehst du das nicht? Mir können
über eine Dummheit die Tränen in die Augen kommen –
oder es wird mir heiß vor gêne über eine ganze Kleinig-
keit, über eine Nuance, die kein Mensch merkt, oder es
passiert mir, daß ich ganz laut sag, was ich mir denk – das
sind doch unmögliche Zuständ, um unter Leut zu gehen.
Ich kann dir gar nicht definieren, aber es ist stärker als
ich. Aufrichtig gestanden: ich habe vor zwei Stunden
Auftrag gegeben, bei Altenwyls abzusagen. Vielleicht
eine andere Soiree, nächstens, aber die nicht.

CRESCENCE.

Die nicht. Also warum grad die nicht?

HANS KARL.

Es ist stärker als ich, so ganz im allgemeinen.

CRESCENCE.

Wenn du sagst, im allgemeinen, so meinst du was Spezielles.

HANS KARL.

Nicht die Spur, Crescence.

CRESCENCE.

Natürlich. Aha. Also, in diesem Punkt kann ich dich beruhigen.

HANS KARL.

In welchem Punkt?

CRESCENCE.

Was die Helen betrifft.

HANS KARL.

Wie kommst du auf die Helen?

CRESCENCE.

Mein Lieber, ich bin weder taub noch blind, und daß die Helen von ihrem fünfzehnten Lebensjahr an bis vor kurzem, na, sagen wir, bis ins zweite Kriegsjahr, in dich verliebt war bis über die Ohren, dafür hab ich meine Indizien, erstens, zweitens und drittens.

HANS KARL.

Aber Crescence, da redest du dir etwas ein –

CRESCENCE.

Weißt du, daß ich mir früher, so vor drei, vier Jahren, wie sie eine ganz junge Debütantin war, eingebildet hab, das wär die eine Person auf der Welt, die dich fixieren könnt, die deine Frau werden könnt. Aber ich bin zu Tode froh, daß es nicht so gekommen ist. Zwei so komplizierte Menschen, das tut kein gut.

HANS KARL.

Du tust mir zuviel Ehre an. Ich bin der unkomplizierteste Mensch von der Welt. *(Er hat eine Lade am Schreibtisch herausgezogen.)* Aber ich weiß gar nicht, wie du auf die Idee – ich bin der Helen attachiert, sie ist doch eine Art von Kusine, ich hab sie so klein gekannt – sie könnte meine Tochter sein. *(Sucht in der Lade nach etwas.)*

CRESCENCE.

Meine schon eher. Aber ich möcht sie nicht als Tochter. Und ich möcht erst recht nicht diesen Baron Neuhoff als Schwiegersohn.

HANS KARL.

Den Neuhoff? Ist das eine so ernste Geschichte?

CRESCENCE.

Sie wird ihn heiraten.

(Hans Karl stößt die Lade zu.)

CRESCENCE.

Ich betrachte es als vollzogene Tatsache, dem zu Trotz, daß er ein wildfremder Mensch ist, dahergeschneit aus irgendeiner Ostseeprovinz, wo sich die Wölf gute Nacht sagen –

HANS KARL.

Geographie war nie deine Stärke. Crescence, die Neuhoffs sind eine holsteinische Familie.

CRESCENCE.

Aber das ist doch ganz gleich. Kurz, wildfremde Leut.

HANS KARL.

Übrigens eine ganz erste Familie. So gut alliiert, als man überhaupt sein kann.

CRESCENCE.

Aber, ich bitt dich, das steht im Gotha. Wer kann denn das von hier aus kontrollieren?

HANS KARL.

Du bist aber sehr acharniert gegen den Menschen.

CRESCENCE.

Es ist aber auch danach! Wenn eins der ersten Mädeln, wie die Helen, sich auf einem wildfremden Menschen entêtiert, dem zu Trotz, daß er hier in seinem Leben keine Position haben wird –

HANS KARL.

Glaubst du?

CRESCENCE.

In seinem Leben! dem zu Trotz, daß sie sich aus seiner
Suada nichts macht, kurz, sich und der Welt zu Trotz –
(Eine kleine Pause.
Hans Karl zieht mit einiger Heftigkeit eine andere Lade her-
aus.)

CRESCENCE.

Kann ich dir suchen helfen? Du enervierst dich.

HANS KARL.

Ich dank dir tausendmal, ich such eigentlich gar nichts,
ich hab den falschen Schlüssel hineingesteckt.

SEKRETÄR *(erscheint an der kleinen Tür).*

Oh, ich bitte untertänigst um Verzeihung.

HANS KARL.

Ein bissel später bin ich frei, lieber Neugebauer.
(Sekretär zieht sich zurück.)

CRESCENCE *(tritt an den Tisch).*

Kari, wenn dir nur ein ganz kleiner Gefallen damit geschieht, so hintertreib ich diese Geschichte.

HANS KARL.

Was für eine Geschichte?

CRESCENCE.

Die, von der wir sprechen: Helen–Neuhoff. Ich hintertreib sie von heut auf morgen.

HANS KARL.

Was?

CRESCENCE.

Ich nehm Gift darauf, daß sie heute noch genau so verliebt in dich ist wie vor sechs Jahren, und daß es nur ein
Wort, nur den Schatten einer Andeutung braucht –

HANS KARL.

Die ich dich um Gottes willen nicht zu machen bitte –

CRESCENCE.

Ah so, bitte sehr. Auch gut.

HANS KARL.

Meine Liebe, allen Respekt vor deiner energischen Art,
aber so einfach sind doch gottlob die Menschen nicht.

CRESCENCE.

Mein Lieber, die Menschen sind gottlob sehr einfach,
wenn man sie einfach nimmt. Ich seh also, daß diese
Nachricht kein großer Schlag für dich ist. Um so besser –
du hast dich von der Helen desinteressiert, ich nehm das
zur Kenntnis.

HANS KARL *(aufstehend)*.

Aber ich weiß nicht, wie du nur auf den Gedanken
kommst, daß ich es nötig gehabt hätt, mich zu desinteres-
sieren. Haben denn andere Personen auch diese bizarren
Gedanken?

CRESCENCE.

Sehr wahrscheinlich.

HANS KARL.

Weißt du, daß mir das direkt Lust macht, hinzugehen?

CRESCENCE.

Um dem Theophil deinen Segen zu geben? Er wird ent-
zückt sein. Er wird die größten Bassessen machen, um
deine Intimität zu erwerben.

HANS KARL.

Findest du nicht, daß es sehr richtig gewesen wäre, wenn
ich mich unter diesen Umständen schon längst bei Altenwyls gezeigt hätte? Es tut mir außerordentlich leid, daß
ich abgesagt habe.

CRESCENCE.

Also laß wieder anrufen: es war ein Mißverständnis
durch einen neuen Diener und du wirst kommen.

(Lukas tritt ein.)

HANS KARL *(zu Crescence)*.

Weißt du, ich möchte es doch noch überlegen.

LUKAS.

Ich hätte für später untertänigst jemanden anzumelden.

CRESCENCE *(zu Lukas)*.

Ich geh. Telephonieren Sie schnell zum Grafen Altenwyl, Seine Erlaucht würden heut abend dort erscheinen. Es war ein Mißverständnis.

(Lukas sieht Hans Karl an.)

HANS KARL *(ohne Lukas anzusehen)*.

Da müßt er allerdings auch noch vorher ins Kasino telephonieren, ich laß den Grafen Hechingen bitten, zum Diner und auch nachher nicht auf mich zu warten.

CRESCENCE.

Natürlich, das macht er gleich. Aber zuerst zum Grafen Altenwyl, damit die Leut wissen, woran sie sind.

(Lukas ab.)

CRESCENCE *(steht auf)*.

So, und jetzt laß ich dich deinen Geschäften. *(Im Gehen.)* Mit welchem Hechingen warst du besprochen? Mit dem Nandi?

HANS KARL.

Nein, mit dem Adolf.

CRESCENCE *(kommt zurück)*.

Der Antoinette ihrem Mann? Ist er nicht ein kompletter Dummkopf?

HANS KARL.

Weißt du, Crescence, darüber hab ich gar kein Urteil. Mir kommt bei Konversationen auf die Länge alles sogenannte Gescheite dumm und noch eher das Dumme gescheit vor –

CRESCENCE.

Und ich bin von vornherein überzeugt, daß an ihm mehr ist als an ihr.

HANS KARL.

Weißt du, ich hab ihn ja früher gar nicht gekannt, oder –

(er hat sich gegen die Wand gewendet und richtet an einem Bild, das nicht gerade hängt) nur als Mann seiner Frau – und dann draußen, da haben wir uns miteinander angefreundet. Weißt du, er ist ein so völlig anständiger Mensch. Wir waren miteinander, im Winter Fünfzehn, zwanzig Wochen in der Stellung in den Waldkarpathen, ich mit meinen Schützen und er mit seinen Pionieren, und wir haben das letzte Stückl Brot miteinander geteilt. Ich hab sehr viel Respekt vor ihm bekommen. Brave Menschen hats draußen viele gegeben, aber ich habe nie einen gesehen, der vis-à-vis dem Tod sich eine solche Ruhe bewahrt hätte, beinahe eine Art Behaglichkeit.

CRESCENCE.

Wenn dich seine Verwandten reden hören könnten, die würden dich umarmen. So geh hin zu dieser Närrin und versöhn sie mit dem Menschen, du machst zwei Familien glücklich. Diese ewig in der Luft hängende Idee einer Scheidung oder Trennung, ghupft wie gsprungen, geht ja allen auf die Nerven. Und außerdem wär es für dich selbst gut, wenn die Geschichte in eine Form käme.

HANS KARL.

Inwiefern das?

CRESCENCE.

Also, damit ich dirs sage: es gibt Leut, die den ungereimten Gedanken aussprechen, wenn die Ehe annulliert werden könnt, du würdest sie heiraten.

(Hans Karl schweigt.)

CRESCENCE.

Ich sag ja nicht, daß es seriöse Leut sind, die diesen bei den Haaren herbeigezogenen Unsinn zusammenreden.

(Hans Karl schweigt.)

CRESCENCE.

Hast du sie schon besucht, seit du aus dem Feld zurück bist?

HANS KARL.

Nein, ich sollte natürlich.

CRESCENCE *(nach der Seite sehend).*

So besuch sie doch morgen und red ihr ins Gewissen.

HANS KARL *(bückt sich, wie um etwas aufzuheben).*

Ich weiß wirklich nicht, ob ich gerade der richtige Mensch dafür wäre.

CRESCENCE.

Du tust sogar direkt ein gutes Werk. Dadurch gibst du ihr deutlich zu verstehen, daß sie auf dem Holzweg war, wie sie mit aller Gewalt sich hat vor zwei Jahren mit dir affichieren wollen.

HANS KARL *(ohne sie anzusehen).*

Das ist eine Idee von dir.

CRESCENCE.

Ganz genau so, wie sie es heut auf den Stani abgesehen hat.

HANS KARL *(erstaunt).*

Deinen Stani?

CRESCENCE.

Seit dem Frühjahr. *(Sie war bis zur Tür gegangen, kehrt wieder um, kommt bis zum Schreibtisch.)* Er könnte mir da einen großen Gefallen tun, Kari –

HANS KARL.

Aber ich bitte doch um Gottes willen, so sag Sie doch! *(Er bietet ihr Platz an, sie bleibt stehen.)*

CRESCENCE.

Ich schick Ihm den Stani auf einen Moment herunter. Mach Er ihm den Standpunkt klar. Sag Er ihm, daß die Antoinette – eine Frau ist, die einen unnötig kompromittiert. Kurz und gut, verleid Er sie ihm.

HANS KARL.

Ja, wie stellst du dir denn das vor? Wenn er verliebt in sie ist?

CRESCENCE.

Aber Männer sind doch nie so verliebt, und du bist doch das Orakel für den Stani. Wenn du die Konversation benützen wolltest – versprichst du mirs?

HANS KARL.

Ja, weißt du – wenn sich ein zwangloser Übergang findet –

CRESCENCE *(ist wieder bis zur Tür gegangen, spricht von dort aus).*

Du wirst schon das Richtige finden. Du machst dir keine Idee, was du für eine Autorität für ihn bist. *(Im Begriff hinauszugehen, macht sie wiederum kehrt, kommt bis an den Schreibtisch vor.)* Sag ihm, daß du sie unelegant findest – und daß du dich nie mit ihr eingelassen hättest. Dann läßt er sie von morgen an stehen. *(Sie geht wieder zur Tür, das gleiche Spiel.)* Weißt du, sags ihm nicht zu scharf, aber auch nicht gar zu leicht. Nicht gar zu sous-entendu. Und daß er ja keinen Verdacht hat, daß es von mir kommt – er hat die fixe Idee, ich will ihn verheiraten, natürlich will ich, aber – er darfs nicht merken: darin ist er ja so ähnlich mit dir: die bloße Idee, daß man ihn beeinflussen möcht –! *(Noch einmal das gleiche Spiel.)* Weißt du, mir liegt sehr viel daran, daß es heute noch gesagt wird, wozu einen Abend verlieren? Auf die Weise hast du auch dein Programm: du machst der Antoinette klar, wie du das Ganze mißbilligst – du bringst sie auf ihre Ehe – du singst dem Adolf sein Lob – so hast du eine Mission, und der ganze Abend hat einen Sinn für dich. *(Sie geht.)*

Vierte Szene

VINZENZ *(ist von rechts hereingekommen, sieht sich zuerst um, ob Crescence fort ist, dann).*
Ich weiß nicht, ob der erste Diener gemeldet hat, es ist draußen eine jüngere Person, eine Kammerfrau oder so etwas –

HANS KARL.
Um was handelt sichs?

VINZENZ.
Sie kommt von der Frau Gräfin Hechingen nämlich. Sie scheint so eine Vertrauensperson zu sein. *(Nochmals näher tretend.)* Eine verschämte Arme ist es nicht.

HANS KARL.
Ich werde das alles selbst sehen, führen Sie sie herein. *(Vinzenz rechts ab.)*

Fünfte Szene

LUKAS *(schnell herein durch die Mitte).*
Ist untertänigst Euer Erlaucht gemeldet worden? Von Frau Gräfin Hechingen die Kammerfrau, die Agathe. Ich habe gesagt: Ich weiß durchaus nicht, ob Erlaucht zu Hause sind.

HANS KARL.
Gut. Ich habe sagen lassen, ich bin da. Haben Sie zum Grafen Altenwyl telephoniert?

LUKAS.
Ich bitte Erlaucht untertänigst um Vergebung. Ich habe bemerkt, Erlaucht wünschen nicht, daß telephoniert wird, wünschen aber auch nicht, der Frau Gräfin zu widersprechen – so habe ich vorläufig nichts telephoniert.

HANS KARL *(lächelnd).*
  Gut, Lukas.
  (Lukas geht bis an die Tür.)
HANS KARL.
  Lukas, wie finden Sie den neuen Diener?
LUKAS *(zögernd).*
  Man wird vielleicht sehen, wie er sich macht.
HANS KARL.
  Unmöglicher Mann. Auszahlen. Wegexpedieren!
LUKAS.
  Sehr wohl, Euer Erlaucht. So hab ich mir gedacht.
HANS KARL.
  Heute abend nichts erwähnen.

Sechste Szene

Vinzenz führt Agathe herein. Beide Diener ab.

HANS KARL.
  Guten Abend, Agathe.
AGATHE.
  Daß ich Sie sehe, Euer Gnaden Erlaucht! Ich zittre ja.
HANS KARL.
  Wollen Sie sich nicht setzen?
AGATHE *(stehend).*
  Oh, Euer Gnaden, seien nur nicht ungehalten darüber,
  daß ich gekommen bin, statt dem Brandstätter.
HANS KARL.
  Aber liebe Agathe, wir sind ja doch alte Bekannte. Was
  bringt Sie denn zu mir?
AGATHE.
  Mein Gott, das wissen doch Erlaucht. Ich komm wegen
  der Briefe.

(Hans Karl ist betroffen.)

AGATHE.

O Verzeihung, o Gott, es ist ja nicht zum Ausdenken,
wie mir meine Frau Gräfin eingeschärft hat, durch mein
Betragen nichts zu verderben.

HANS KARL *(zögernd)*.

Die Frau Gräfin hat mir allerdings geschrieben, daß gewisse in meiner Hand befindliche, ihr gehörige Briefe,
würden von einem Herrn Brandstätter am Fünfzehnten
abgeholt werden. Heute ist der Zwölfte, aber ich kann
natürlich die Briefe auch Ihnen übergeben. Sofort, wenn
es der Wunsch der Frau Gräfin ist. Ich weiß ja, Sie sind
der Frau Gräfin sehr ergeben.

AGATHE.

Gewisse Briefe – wie Sie das sagen, Erlaucht. Ich weiß ja
doch, was das für Briefe sind.

HANS KARL *(kühl)*.

Ich werde sofort den Auftrag geben.

AGATHE.

Wenn sie uns so beisammen sehen könnte, meine Frau
Gräfin. Das wäre ihr eine Beruhigung, eine kleine Linde-
rung.

(Hans Karl fängt an, in der Lade zu suchen.)

AGATHE.

Nach diesen entsetzlichen sieben Wochen, seitdem wir
wissen, daß unser Herr Graf aus dem Felde zurück ist
und wir kein Lebenszeichen von ihm haben –

HANS KARL *(sieht auf)*.

Sie haben vom Grafen Hechingen kein Lebenszeichen?

AGATHE.

Von dem! Wenn ich sage »unser Herr Graf«, das heißt in
unserer Sprache Sie, Erlaucht! Vom Grafen Hechingen
sagen wir nicht »unser Herr Graf«!

HANS KARL *(sehr geniert)*.

Ah, pardon, das konnte ich nicht wissen.

AGATHE *(schüchtern).*

Bis heute nachmittag haben wir ja geglaubt, daß heute bei der gräflich Altenwylschen Soiree das Wiedersehen sein wird. Da telephoniert mir die Jungfer von der Komtesse Altenwyl: Er hat abgesagt!

(Hans Karl steht auf.)

AGATHE.

Er hat abgesagt, Agathe, ruft die Gräfin, abgesagt, weil er gehört hat, daß ich hinkomme! Dann ist doch alles vorbei, und dabei schaut sie mich an mit einem Blick, der einen Stein erweichen könnte.

HANS KARL *(sehr höflich, aber mit dem Wunsche, ein Ende zu machen).*

Ich fürchte, ich habe die gewünschten Briefe nicht hier in meinem Schreibtisch, ich werde gleich meinen Sekretär rufen.

AGATHE.

O Gott, in der Hand eines Sekretärs sind diese Briefe! Das dürfte meine Frau Gräfin nie erfahren!

HANS KARL.

Die Briefe sind natürlich eingesiegelt.

AGATHE.

Eingesiegelt! So weit ist es schon gekommen?

HANS KARL *(spricht ins Telephon).*

Lieber Neugebauer, wenn Sie für einen Augenblick herüberkommen würden! Ja, ich bin jetzt frei – Aber ohne die Akten – es handelt sich um etwas anderes. Augenblicklich? Nein, rechnen Sie nur zu Ende. In drei Minuten, das genügt.

AGATHE.

Er darf mich nicht sehen, er kennt mich von früher!

HANS KARL.

Sie können in die Bibliothek treten, ich mach Ihnen Licht.

AGATHE.

Wie hätten wir uns denn das denken können, daß alles auf einmal vorbei ist.

HANS KARL *(im Begriff, sie hinüberzuführen, bleibt stehen, runzelt die Stirn).*

Liebe Agathe, da Sie ja von allem informiert sind – ich verstehe nicht ganz, ich habe ja doch der Frau Gräfin aus dem Feldspital einen langen Brief geschrieben, dieses Frühjahr.

AGATHE.

Ja, den abscheulichen Brief.

HANS KARL.

Ich verstehe Sie nicht. Es war ein sehr freundschaftlicher Brief.

AGATHE.

Das war ein perfider Brief. So gezittert haben wir, als wir ihn gelesen haben, diesen Brief. Erbittert waren wir und gedemütigt!

HANS KARL.

Ja, worüber denn, ich bitt Sie um alles!

AGATHE *(sieht ihn an).*

Darüber, daß Sie darin den Grafen Hechingen so herausgestrichen haben – und gesagt haben, auf die Letzt ist ein Mann wie der andere, und ein jeder kann zum Ersatz für einen jeden genommen werden.

HANS KARL.

Aber so habe ich mich doch gar nicht ausgedrückt. Das waren doch niemals meine Gedanken!

AGATHE.

Aber das war der Sinn davon. Ah, wir haben den Brief oft und oft gelesen! Das, hat meine Frau Gräfin ausgerufen, das ist also das Resultat der Sternennächte und des einsamen Nachdenkens, dieser Brief, wo er mir mit dürren Worten sagt: ein Mann ist wie der andere, unsere Liebe

war nur eine Einbildung, vergiß mich, nimm wieder den
Hechingen –

HANS KARL.

Aber nichts von all diesen Worten ist in dem Brief gestanden.

AGATHE.

Auf die Worte kommts nicht an. Aber den Sinn haben wir
gut herausbekommen. Diesen demütigenden Sinn, diese
erniedrigenden Folgerungen. Oh, das wissen wir genau.
Dieses Sichselbsterniedrigen ist eine perfide Kunst. Wo
der Mann sich anklagt in einer Liebschaft, da klagt er die
Liebschaft an. Und im Handumdrehen sind wir die Ange-
klagten.

(Hans Karl schweigt.)

AGATHE *(einen Schritt näher tretend).*

Ich habe gekämpft für unsern Herrn Grafen, wie meine
Frau Gräfin gesagt hat: Agathe, du wirst es sehen, er will
die Komtesse Altenwyl heiraten, und nur darum will er
meine Ehe wieder zusammenleimen.

HANS KARL.

Das hat die Gräfin mir zugemutet?

AGATHE.

Das waren ihre bösesten Stunden, wenn sie über dem ge-
grübelt hat. Dann ist wieder ein Hoffnungsstrahl gekommen. Nein, vor der Helen, hat sie dann gerufen, nein, vor
der fürcht ich mich nicht – denn die läuft ihm nach; und
wenn dem Kari eine nachlauft, die ist bei ihm schon verloren, und sie verdient ihn auch nicht, denn sie hat kein
Herz.

HANS KARL *(richtet etwas).*

Wenn ich Sie überzeugen könnte –

AGATHE.

Aber dann plötzlich wieder die Angst –

HANS KARL.

Wie fern mir das alles liegt –

AGATHE.

O Gott, ruft sie aus, er war noch nirgends! Wenn das be-
deutungsvoll sein sollte –

HANS KARL.

Wie fern mir das liegt!

AGATHE.

Wenn er vor meinen Augen sich mit ihr verlobt –

HANS KARL.

Wie kann nur die Frau Gräfin –

AGATHE.

Oh, so etwas tun Männer, aber Sie tuns nicht, nicht wahr,
Erlaucht?

HANS KARL.

Es liegt mir nichts in der Welt ferner, meine liebe Agathe.

AGATHE.

Oh, küß die Hände, Erlaucht! *(Küßt ihm schnell die
Hand.)*

HANS KARL *(entzieht ihr die Hand).*

Ich höre meinen Sekretär kommen.

AGATHE.

Denn wir wissen ja, wir Frauen, daß so etwas Schönes
nicht für die Ewigkeit ist. Aber, daß es deswegen auf einmal plötzlich aufhören soll, in das können wir uns nicht
hineinfinden!

HANS KARL.

Sie sehen mich dann. Ich gebe Ihnen selbst die Briefe und
– Herein! Kommen Sie nur, Neugebauer.

(Agathe rechts ab.)

Siebente Szene

Hans secretary (handwritten annotation)

NEUGEBAUER *(tritt ein).*

Euer Erlaucht haben befohlen.

HANS KARL.

Wenn Sie die Freundlichkeit hätten, meinem Gedächtnis etwas zu Hilfe zu kommen. Ich suche ein Paket Briefe – es sind private Briefe, versiegelt – ungefähr zwei Finger dick.

NEUGEBAUER.

Your lordship (handwritten annotation)

Mit einem von Euer Erlaucht darauf geschriebenen Datum? Juni 15 bis 22. Oktober 16?

HANS KARL.

Ganz richtig. Sie wissen –

NEUGEBAUER.

Ich habe dieses Konvolut unter den Händen gehabt, aber ich kann mich im Moment nicht besinnen. Im Drang der Geschäfte unter so verschiedenartigen Agenden, die täglich zunehmen –

HANS KARL *(ganz ohne Vorwurf).*

Es ist mir unbegreiflich, wie diese ganz privaten Briefe unter die Akten geraten sein können –

NEUGEBAUER.

Wenn ich befürchten müßte, daß Euer Erlaucht den leisesten Zweifel in meine Diskretion setzen –

HANS KARL.

Aber das ist mir ja gar nicht eingefallen.

NEUGEBAUER.

Ich bitte, mich sofort nachsuchen zu lassen; ich werde alle meine Kräfte daransetzen, dieses höchst bedauerliche Vorkommnis aufzuklären.

HANS KARL.

Mein lieber Neugebauer, Sie legen dem ganzen Vorfall viel zu viel Gewicht bei.

NEUGEBAUER.

Ich habe schon seit einiger Zeit die Bemerkung gemacht, daß etwas an mir neuerdings Euer Erlaucht zur Ungeduld reizt. Allerdings war mein Bildungsgang ganz auf das Innere gerichtet, und wenn ich dabei vielleicht keine tadellosen Salonmanieren erworben habe, so wird dieser Mangel vielleicht in den Augen eines wohlwollenden Beurteilers aufgewogen werden können durch Qualitäten, die persönlich hervorheben zu müssen meinem Charakter allerdings nicht leicht fallen würde.

HANS KARL.

Ich zweifle keinen Augenblick, lieber Neugebauer. Sie machen mir den Eindruck, überanstrengt zu sein. Ich möchte Sie bitten, sich abends etwas früher freizumachen. Machen Sie doch jeden Abend einen Spaziergang mit Ihrer Braut.

(Neugebauer schweigt.)   schweigen – to remain
                                                        silent
HANS KARL.

Falls es private Sorgen sind, die Sie irritieren, vielleicht könnte ich in irgendeiner Beziehung erleichternd eingreifen.

NEUGEBAUER.

Euer Erlaucht nehmen an, daß es sich bei unsereinem ausschließlich um das Materielle handeln könnte.

HANS KARL.

Ich habe gar nicht solches sagen wollen. Ich weiß, Sie sind Bräutigam, also gewiß glücklich –

NEUGEBAUER.

Ich weiß nicht, ob Euer Erlaucht auf die Beschließerin von Schloß Hohenbühl anspielen?

HANS KARL.

Ja, mit der Sie doch seit fünf Jahren verlobt sind.

NEUGEBAUER.

Meine gegenwärtige Verlobte ist die Tochter eines höhe-

ren Beamten. Sie war die Braut meines besten Freundes,
der vor einem halben Jahr gefallen ist. Schon bei Lebzei-
ten ihres Verlobten bin ich ihrem Herzen nahegestanden
– und ich habe es als ein heiliges Vermächtnis des Gefalle-
nen betrachtet, diesem jungen Mädchen eine Stütze fürs
Leben zu bieten.

HANS KARL *(zögernd)*.
Und die frühere langjährige Beziehung?

NEUGEBAUER.
Die habe ich natürlich gelöst. Selbstverständlich in der
vornehmsten und gewissenhaftesten Weise.

HANS KARL.
Ah!

NEUGEBAUER.
Ich werde natürlich allen nach dieser Seite hin einge-
gangenen Verpflichtungen nachkommen und diese Last
schon in die junge Ehe mitbringen. Allerdings keine Klei-
nigkeit.
(Hans Karl schweigt.)

NEUGEBAUER.
Vielleicht ermessen Euer Erlaucht doch nicht zur Ge-
nüge, mit welchem bitteren, sittlichen Ernst das Leben
in unsern glanzlosen Sphären behaftet ist, und wie es
sich hier nur darum handeln kann, für schwere Aufgaben
noch schwerere einzutauschen.

HANS KARL.
Ich habe gemeint, wenn man heiratet, so freut man sich
darauf.

NEUGEBAUER.
Der persönliche Standpunkt kann in unserer bescheidenen Welt nicht maßgebend sein.

HANS KARL.
Gewiß, gewiß. Also Sie werden mir die Briefe möglichst
finden.

NEUGEBAUER.

Ich werde nachforschen, und wenn es sein müßte, bis Mitternacht. *(Ab.)*

HANS KARL *(vor sich).*

Was ich nur an mir habe, daß alle Menschen so tentiert sind, mir eine Lektion zu erteilen, und daß ich nie ganz bestimmt weiß, ob sie nicht das Recht dazu haben.

Achte Szene

STANI *(steht in der Mitteltür, im Frack).*

Pardon, nur um dir guten Abend zu sagen, Onkel Kari, wenn man dich nicht stört.

HANS KARL *(war nach rechts gegangen, bleibt jedoch stehen).*

Aber gar nicht. *(Bietet ihm Platz an und eine Zigarette.)*

STANI *(nimmt die Zigarette).*

Aber natürlich chipotiert dich, wenn man unangemeldet hereinkommt. Darin bist du ganz wie ich. Ich haß es auch, wenn man mir die Tür einrennt. Ich will immer zuerst meine Ideen ein bißl ordnen.

HANS KARL.

Ich bitte, genier dich nicht, du bist doch zu Hause.

STANI.

O pardon, ich bin bei dir –

HANS KARL.

Setz dich doch.

STANI.

Nein wirklich, ich hätte nie gewagt, wenn ich nicht so deutlich die krähende Stimm vom Neugebauer –

HANS KARL.

Er ist im Moment gegangen.

STANI.

Sonst wäre ich ja nie – Nämlich der neue Diener läuft mir
vor fünf Minuten im Korridor nach und meldet mir, notabene ungefragt, du hättest die Jungfer von der Antoinette Hechingen bei dir und wärest schwerlich zu sprechen.

HANS KARL *(halblaut).*

Ah, das hat er dir – ein reizender Mann!

STANI.

Da wäre ich ja natürlich unter keinen Umständen –

HANS KARL.

Sie hat ein paar Bücher zurückgebracht.

STANI.

Die Toinette Hechingen liest Bücher?

HANS KARL.

Es scheint. Ein paar alte französische Sachen.

STANI.

Aus dem Dixhuitième. Das paßt zu ihren Möbeln.

(Hans Karl schweigt.)

STANI.

Das Boudoir ist charmant. Die kleine Chaiselongue! Sie
ist signiert.

HANS KARL.

Ja, die kleine Chaiselongue. Riesener.

STANI.

Ja, Riesener. Was du für ein Namengedächtnis hast! Unten ist die Signatur.

HANS KARL.

Ja, unten am Fußende.

STANI.

Sie verliert immer ihre kleinen Kämme aus den Haaren,
und wenn man sich dann bückt, um die zusammenzu-
suchen, dann sieht man die Inschrift.

*(Hans Karl geht nach rechts hinüber und schließt die Tür
nach der Bibliothek.)*

STANI.

Ziehts dir, bist zu empfindlich?

HANS KARL.

Ja, meine Schützen und ich, wir sind da draußen rheuma-
tisch geworden wie die alten Jagdhunde.

STANI.

Weißt du, sie spricht charmant von dir, die Antoinette.

HANS KARL *(raucht)*.

Ah! –

STANI.

Nein, ohne Vergleich. Ich verdanke den Anfang meiner
Chance bei ihr ganz gewiß dem Umstand, daß sie mich so
fabelhaft ähnlich mit dir findet. Zum Beispiel unsere
Hände. Sie ist in Ekstase vor deinen Händen. *(Er sieht
seine eigene Hand an.)* Aber bitte, erwähn nichts von allem
gegen die Mamu. Es ist halt ein weitgehender Flirt, aber
deswegen doch keine Bandelei. Aber die Mamu übertreibt sich alles.

HANS KARL.

Aber mein guter Stani, wie käme ich denn auf das
Thema?

STANI.

Allmählich ist sie natürlich auch auf die Unterschiede
zwischen uns gekommen. Ça va sans dire.

HANS KARL.

Die Antoinette?

STANI.

Sie hat mir geschildert, wie der Anfang eurer Freundschaft war.

HANS KARL.

Ich kenne sie ja ewig lang.

STANI.

Nein, aber das vor zwei Jahren. Im zweiten Kriegsjahr.
Wie du nach der ersten Verwundung auf Urlaub warst,
die paar Tage in der Grünleiten.

HANS KARL.

Datiert sie von daher unsere Freundschaft?

STANI.

Natürlich. Seit damals bist du ihr großer Freund. Als
Ratgeber, als Vertrauter, als was du willst, einfach hors
ligne. Du hättest dich benommen wie ein Engel.

HANS KARL.

Sie übertreibt sehr leicht, die gute Antoinette.

STANI.

Aber sie hat mir ja haarklein erzählt, wie sie aus Angst
vor dem Alleinsein in der Grünleiten mit ihrem Mann,
der gerade auch auf Urlaub war, sich den Feri Uhlfeldt,
der damals wie der Teufel hinter ihr her war, auf den
nächsten Tag hinausbestellt, wie sie dann dich am Abend
vorher im Theater sieht und es wie eine Inspiration über
sie kommt, sie dich bittet, du solltest noch abends mit ihr
hinausfahren und den Abend mit ihr und dem Adolf zu
dritt verbringen.

HANS KARL.

Damals hab ich ihn noch kaum gekannt.

STANI.

Ja, das entre parenthèse, das begreift sie gar nicht! Daß du
dich später mit ihm hast so einlassen können. Mit diesem
öden Dummkopf, diesem Pedanten.

HANS KARL.

Da tut sie ihrem Mann unrecht, sehr!

STANI.

Na, da will ich mich nicht einmischen. Aber sie erzählt
das reizend.

HANS KARL.

Das ist ja ihre Stärke, diese kleinen Konfidenzen.

STANI.

Ja, damit fangt sie an. Diesen ganzen Abend, ich sehe ihn
vor mir, wie sie dann nach dem Souper dir den Garten

zeigt, die reizenden Terrassen am Fluß, wie der Mond
aufgeht –

HANS KARL.

Ah, so genau hat sie dir das erzählt.

STANI.

Und wie du in der einen nächtlichen Konversation die
Kraft gehabt hast, ihr den Feri Uhlfeldt vollkommen aus-
zureden.

(Hans Karl raucht und schweigt.)

STANI.

Das bewundere ich ja so an dir: du redest wenig, bist so
zerstreut und wirkst so stark. Deswegen find ich auch
ganz natürlich, worüber sich so viele Leut den Mund zer-
reißen: daß du im Herrenhaus seit anderthalb Jahren deinen Sitz eingenommen hast, aber nie das Wort ergreifst.
Vollkommen in der Ordnung ist das für einen Herrn wie
du bist! Ein solcher Herr spricht eben durch seine Person! Oh, ich studier dich. In ein paar Jahren hab ich das.
Jetzt hab ich noch zuviel Passion in mir. Du gehst nie auf
die Sache aus und hast so gar keine Suada, das ist gerade
das Elegante an dir. Jeder andere wäre in dieser Situation
ihr Liebhaber geworden.

HANS KARL *(mit einem nur in den Augen merklichen Lächeln)*.

Glaubst du?

STANI.

Unbedingt. Aber ich versteh natürlich sehr gut: in deinen
Jahren bist du zu serios dafür. Es tentiert dich nicht mehr:
so leg ich mirs zurecht. Weißt du, das liegt so in mir: ich
denk über alles nach. Wenn ich Zeit gehabt hätt, auf der
Universität zu bleiben – für mich: Wissenschaft, das wäre
mein Fach gewesen. Ich wäre auf Sachen, auf Probleme
gekommen, auf Fragestellungen, an die andere Menschen
gar nicht streifen. Für mich ist das Leben ohne Nachdenken kein Leben. Zum Beispiel: Weiß man das auf ein-

mal, so auf einen Ruck: Jetzt bin ich kein junger Herr
mehr? – Das muß ein sehr unangenehmer Moment sein.

HANS KARL.

Weißt du, ich glaub, es kommt ganz allmählich. Wenn einem auf einmal der andere bei der Tür vorausgehen läßt
und du merkst dann: ja, natürlich, er ist viel jünger, obwohl er auch schon ein erwachsener Mensch ist.

STANI.

Sehr interessant. Wie du alles gut beobachtest. Darin bist
du ganz wie ich. Und dann wirds einem so zur Gewohnheit, das Ältersein?

HANS KARL.

Ja, es gibt immer noch gewisse Momente, die einen frappieren. Zum Beispiel, wenn man sich plötzlich klarwird,
daß man nicht mehr glaubt, daß es Leute gibt, die einem
alles erklären könnten.

STANI.

Eines versteh ich aber doch nicht, Onkel Kari, daß du mit
dieser Reife und konserviert wie du bist nicht heiratest.

HANS KARL.

Jetzt.

STANI.

Ja, eben jetzt. Denn der Mann, der kleine Abenteuer
sucht, bist du doch nicht mehr. Weißt du, ich würde natürlich sofort begreifen, daß sich jede Frau heut noch für
dich interessiert. Aber die Toinette hat mir erklärt, warum ein Interesse für dich nie serios wird.

HANS KARL.

Ah!

STANI.

Ja, sie hat viel darüber nachgedacht. Sie sagt: du fixierst
nicht, weil du nicht genug Herz hast.

HANS KARL.

Ah!

STANI.

Ja, dir fehlt das Eigentliche. Das, sagt sie, ist der enorme Unterschied zwischen dir und mir. Sie sagt: du hast das Handgelenk immer geschmeidig, um loszulassen, das spürt eine Frau, und wenn sie selbst im Begriff wäre, sich in dich zu verlieben, so verhindert das die Kristallisation.

HANS KARL.

Ah, so drückt sie sich aus?

STANI.

Das ist ja ihr großer Charme, daß sie eine Konversation hat. Weißt du, das brauch ich absolut: eine Frau die mich fixieren soll, die muß außer ihrer absoluten Hingebung auch eine Konversation haben.

HANS KARL.

Darin ist sie delizios.

STANI.

Absolut. Das hat sie: Charme, Geist und Temperament, so wie sie etwas anderes nicht hat: nämlich Rasse.

HANS KARL.

Du findest?

STANI.

Weißt du, Onkel Kari, ich bin ja so gerecht; eine Frau kann hundertmal das Äußerste an gutem Willen für mich gehabt haben – ich geb ihr, was sie hat, und ich sehe unerbittlich, was sie nicht hat. Du verstehst mich: Ich denk über alles nach, und mach mir immer zwei Kategorien. Also die Frauen teile ich in zwei große Kategorien: die Geliebte, und die Frau, die man heiratet. Die Antoinette gehört in die erste Kategorie, sie kann hundertmal die Frau vom Adolf Hechingen sein, für mich ist sie keine Frau, sondern – das andere.

HANS KARL.

Das ist ihr Genre, natürlich. Wenn man die Menschen so einteilen will.

STANI.

Absolut. Darum ist es, in Parenthese, die größte Dummheit, sie mit ihrem Mann versöhnen zu wollen.

HANS KARL.

Wenn er aber doch einmal ihr Mann ist? Verzeih, das ist vielleicht ein sehr spießbürgerlicher Gedanke.

STANI.

Weißt du, verzeih mir, ich mache mir meine Kategorien, und da bin ich dann absolut darin, ebenso über die Galanterie, ebenso über die Ehe. Die Ehe ist kein Experiment. Sie ist das Resultat eines richtigen Entschlusses.

HANS KARL.

Von dem du natürlich weit entfernt bist.

STANI.

Aber gar nicht. Augenblicklich bereit, ihn zu fassen.

HANS KARL.

Im jetzigen Moment?

STANI.

Ich finde mich außerordentlich geeignet, eine Frau glücklich zu machen, aber bitte, sag das der Mamu nicht, ich will mir in allen Dingen meine volle Freiheit bewahren. Darin bin ich ja haarklein wie du. Ich vertrage nicht, daß man mich beengt.

(Hans Karl raucht.)

STANI.

Der Entschluß muß aus dem Moment hervorgehen. Gleich oder gar nicht, das ist meine Devise!

HANS KARL.

Mich interessiert nichts auf der Welt so sehr, als wie man von einer Sache zur andern kommt. Du würdest also nie einen Entschluß vor dich hinschieben?

STANI.

Nie, das ist die absolute Schwäche.

HANS KARL.

Aber es gibt doch Komplikationen?

STANI.

Die negiere ich.

HANS KARL.

Beispielsweise sich kreuzende widersprechende Verpflichtungen.

STANI.

Von denen hat man die Wahl, welche man lösen will.

HANS KARL.

Aber man ist doch in dieser Wahl bisweilen sehr behindert.

STANI.

Wieso?

HANS KARL.

Sagen wir durch Selbstvorwürfe.

STANI.

Das sind Hypochondrien. Ich bin vollkommen gesund. Ich war im Feld nicht einen Tag krank.

HANS KARL.

Ah, du bist mit deinem Benehmen immer absolut zufrieden?

STANI.

Ja, wenn ich das nicht wäre, so hätte ich mich doch anders benommen.

HANS KARL.

Pardon, ich spreche nicht von Unkorrektheiten – aber du läßt mit einem Wort den Zufall, oder nennen wirs das Schicksal, unbedenklich walten?

STANI.

Wieso? Ich behalte immer alles in der Hand.

HANS KARL.

Zeitweise ist man aber halt doch versucht, bei solchen Entscheidungen einen bizarren Begriff einzuschieben: den der höheren Notwendigkeit.

STANI.

Was ich tue, ist eben notwendig, sonst würde ich es nicht tun.

HANS KARL *(interessiert)*.

Verzeih, wenn ich aus der aktuellen Wirklichkeit heraus exemplifiziere – das schickt sich ja eigentlich nicht –

STANI.

Aber bitte –

HANS KARL.

Eine Situation würde dir, sagen wir, den Entschluß zur Heirat nahelegen.

STANI.

Heute oder morgen.

HANS KARL.

Nun bist du mit der Antoinette in dieser Weise immerhin befreundet.

STANI.

Ich brouillier mich mit ihr, von heut auf morgen!

HANS KARL.

Ah! Ohne jeden Anlaß?

STANI.

Aber der Anlaß liegt doch immer in der Luft. Bitte. Unsere Beziehung dauert seit dem Frühjahr. Seit sechs, sieben Wochen ist irgend etwas an der Antoinette, ich kann nicht sagen, was – ein Verdacht wäre schon zuviel – aber die bloße Idee, daß sie sich außer mit mir noch mit jemandem andern beschäftigen könnte, weißt du, darin bin ich absolut.

HANS KARL.

Ah, ja.

STANI.

Weißt du, das ist stärker als ich. Ich möchte es gar nicht Eifersucht nennen, es ist ein derartiges Nichtbegreifen-können, daß eine Frau, der ich mich attachiert habe, zugleich mit einem andern – begreifst du?

HANS KARL.

Aber die Antoinette ist doch so unschuldig, wenn sie
etwas anstellt. Sie hat dann fast noch mehr Charme.

STANI.

Da verstehe ich dich nicht.

Neunte Szene

NEUGEBAUER *(ist leise eingetreten).*

Hier sind die Briefe, Euer Erlaucht. Ich habe sie auf den
ersten Griff –

HANS KARL.

Danke. Bitte, geben Sie mir sie.
(Neugebauer gibt ihm die Briefe.)

HANS KARL.

Danke.
(Neugebauer ab.)

Zehnte Szene

HANS KARL *(nach einer kleinen Pause).*

Weißt du, wen ich für den gebornen Ehemann halte?

STANI.

Nun?

HANS KARL.

Den Adolf Hechingen.

STANI.

Der Antoinette ihren Mann? Hahaha! –

HANS KARL.

Ich red ganz im Ernst.

STANI.

Aber Onkel Kari.

HANS KARL.

In seinem Attachement an diese Frau ist eine höhere Notwendigkeit.

STANI.

Der prädestinierte – ich will nicht sagen was!

HANS KARL.

Sein Schicksal geht mir nah.

STANI.

Für mich gehört er in eine Kategorie: der instinktlose Mensch. Weißt du, an wen er sich anhängt, wenn du nicht im Klub bist? An mich. Ausgerechnet an mich! Er hat einen Flair!

HANS KARL.

Ich habe ihn gern.

STANI.

Aber er ist doch unelegant bis über die Ohren.

HANS KARL.

Aber ein innerlich vornehmer Mensch.

STANI.

Ein uneleganter, schwerfälliger Kerl.

HANS KARL.

Er braucht eine Flasche Champagner ins Blut.

STANI.

Sag das nie vor ihm, er nimmts wörtlich. Ein uneleganter Mensch ist mir ein Greuel, wenn er getrunken hat.

HANS KARL.

Ich hab ihn gern.

STANI.

Er nimmt alles wörtlich, auch deine Freundschaft für ihn.

HANS KARL.

Aber er darf sie wörtlich nehmen.

STANI.

Pardon, Onkel Kari, bei dir darf man nichts wörtlich

nehmen, wenn man das tut, gehört man in die Kategorie: Instinktlos.

HANS KARL.

Aber er ist ein so guter, vortrefflicher Mensch.

STANI.

Meinetwegen, wenn du das von ihm sagst, aber das ist noch gar kein Grund, daß er immer von deiner Güte spricht. Das geht mir auf die Nerven. Ein eleganter Mensch hat Bonhomie, aber er ist kein guter Mensch. Pardon, sag ich, der Onkel Kari ist ein großer Herr und darum auch ein großer Egoist, selbstverständlich. Du verzeihst.

HANS KARL.

Es nützt nichts, ich hab ihn gern.

STANI.

Das ist eine Bizarrerie von dir! Du hast es doch nicht notwendig, bizarr zu sein! Du hast doch das Wunderbare, daß du mühelos das vorstellst, was du bist: ein großer Herr! Mühelos! Das ist der große Punkt. Der Mensch zweiter Kategorie bemüht sich unablässig. Bitte, da ist dieser Theophil Neuhoff, den man seit einem Jahr überall sieht. Was ist eine solche Existenz anderes als eine fortgesetzte jämmerliche Bemühung, ein Genre zu kopieren, das eben nicht sein Genre ist.

Elfte Szene

LUKAS *(kommt eilig).*

Darf ich fragen – haben Euer Erlaucht Befehl gegeben, daß fremder Besuch vorgelassen wird?

HANS KARL.

Aber absolut nicht. Was ist denn das?

LUKAS.

Da muß der neue Diener eine Konfusion gemacht haben. Eben wird vom Portier herauftelephoniert, daß Herr Baron Neuhoff auf der Treppe ist. Bitte zu befehlen, was mit ihm geschehen soll.

STANI.

Also, im Moment, wo wir von ihm sprechen. Das ist kein Zufall. Onkel Kari, dieser Mensch ist mein guignon, und ich beschwöre sein Kommen herauf. Vor einer Woche bei der Helen, ich will ihr eben meine Ansicht über den Herrn von Neuhoff sagen, im Moment steht der Neuhoff auf der Schwelle. Vor drei Tagen, ich geh von der Antoinette weg – im Vorzimmer steht der Herr von Neuhoff. Gestern früh bei meiner Mutter, ich wollte dringend etwas mit ihr besprechen, im Vorzimmer find ich den Herrn von Neuhoff.

VINZENZ *(tritt ein, meldet).*

Herr Baron Neuhoff sind im Vorzimmer.

HANS KARL.

Jetzt muß ich ihn natürlich empfangen.
(Lukas winkt: Eintreten lassen.
Vinzenz öffnet die Flügeltür, laßt eintreten.)

Zwölfte Szene

NEUHOFF *(tritt ein).*

Guten Abend, Graf Bühl. Ich war so unbescheiden, nachzusehen, ob Sie zu Hause wären.

HANS KARL.

Sie kennen meinen Neffen Freudenberg?

STANI.

Wir haben uns getroffen.
(Sie setzen sich.)

NEUHOFF.

Ich sollte die Freude haben, Ihnen diesen Abend im Altenwylschen Hause zu begegnen. Gräfin Helene hatte
sich ein wenig darauf gefreut, uns zusammenzuführen.
Um so schmerzlicher war mein Bedauern, als ich durch
Gräfin Helene diesen Nachmittag erfahren mußte, Sie
hätten abgesagt.

HANS KARL.

Sie kennen meine Kusine seit dem letzten Winter?

NEUHOFF.

Kennen – wenn man das Wort von einem solchen Wesen
brauchen darf. In gewissen Augenblicken gewahrt man
erst, wie doppelsinnig das Wort ist: es bezeichnet das
Oberflächlichste von der Welt und zugleich das tiefste
Geheimnis des Daseins zwischen Mensch und Mensch.
(Hans Karl und Stani wechseln einen Blick.)

NEUHOFF.

Ich habe das Glück, Gräfin Helene nicht selten zu sehen
und ihr in Verehrung anzugehören.
(Eine kleine, etwas genierte Pause.)

NEUHOFF.

Heute nachmittag – wir waren zusammen im Atelier von
Bohuslawsky – Bohuslawsky macht mein Porträt, das
heißt, er quält sich unverhältnismäßig, den Ausdruck
meiner Augen festzuhalten: er spricht von einem gewissen Etwas darin, das nur in seltenen Momenten sichtbar
wird – und es war seine Bitte, daß die Gräfin Helene einmal dieses Bild ansehen und ihm über diese Augen ihre
Kritik geben möchte – da sagt sie mir: Graf Bühl kommt
nicht, gehen Sie zu ihm. Besuchen Sie ihn, ganz einfach.
Es ist ein Mann, bei dem die Natur, die Wahrheit alles erreicht und die Absicht nichts. Ein wunderbarer Mann in
unserer absichtsvollen Welt, war meine Antwort – aber so
hab ich mir ihn gedacht, so hab ich ihn erraten, bei der ersten Begegnung.

STANI.

Sie sind meinem Onkel im Felde begegnet?

NEUHOFF.

Bei einem Stab.

HANS KARL.

Nicht in der sympathischsten Gesellschaft.

NEUHOFF.

Das merkte man Ihnen an, Sie sprachen unendlich wenig.

HANS KARL *(lächelnd).*

Ich bin kein großer Causeur, nicht wahr, Stani?

STANI.

In der Intimität schon!

NEUHOFF.

Sie sprechen es aus, Graf Freudenberg, Ihr Onkel liebt es, in Gold zu zahlen; er hat sich an das Papiergeld des täglichen Verkehrs nicht gewöhnen wollen. Er kann mit seiner Rede nur seine Intimität vergeben, und die ist unschätzbar.

HANS KARL.

Sie sind äußerst freundlich, Baron Neuhoff.

NEUHOFF.

Sie müßten sich von Bohuslawsky malen lassen, Graf Bühl. Sie würde er in drei Sitzungen treffen. Sie wissen, daß seine Stärke das Kinderporträt ist. Ihr Lächeln ist genau die Andeutung eines Kinderlachens. Mißverstehen Sie mich nicht. Warum ist denn Würde so ganz unnachahmlich? Weil ein Etwas von Kindlichkeit in ihr steckt. Auf dem Umweg über die Kindlichkeit würde Bohuslawsky vermögen, einem Bilde von Ihnen das zu geben, was in unserer Welt das Seltenste ist und was Ihre Erscheinung in hohem Maße auszeichnet: Würde. Denn wir leben in einer würdelosen Welt.

HANS KARL.

Ich weiß nicht, von welcher Welt Sie sprechen: uns allen ist draußen soviel Würde entgegengetreten –

NEUHOFF.

Deswegen war ein Mann wie Sie draußen so in seinem Element. Was haben Sie geleistet, Graf Bühl! Ich erinnere mich des Unteroffiziers im Spital, der mit Ihnen und den dreißig Schützen verschüttet war.

HANS KARL.

Mein braver Zugführer, der Hütter Franz! Meine Kusine hat Ihnen davon erzählt?

NEUHOFF.

Sie hat mir erlaubt, sie bei diesem Besuch ins Spital zu begleiten. Ich werde nie das Gesicht und die Rede dieses Sterbenden vergessen.

(Hans Karl sagt nichts.)

NEUHOFF.

Er sprach ausschließlich von Ihnen. Und in welchem Ton! Er wußte, daß sie eine Verwandte seines Hauptmanns war, mit der er sprach.

HANS KARL.

Der arme Hütter Franz!

NEUHOFF.

Vielleicht wollte mir die Gräfin Helene eine Idee von Ihrem Wesen geben, wie tausend Begegnungen im Salon sie nicht vermitteln können.

STANI *(etwas scharf)*.

Vielleicht hat sie vor allem den Mann selbst sehen und vom Onkel Kari hören wollen.

NEUHOFF.

In einer solchen Situation wird ein Wesen wie Helene Altenwyl erst ganz sie selbst. Unter dieser vollkommenen Einfachheit, diesem Stolz der guten Rasse verbirgt sich ein Strömen der Liebe, die alle Poren durchdringende Sympathie: es gibt von ihr zu einem Wesen, das sie sehr liebt und achtet, namenlose Verbindungen, die nichts lösen könnte, und an die nichts rühren darf. Wehe dem

Gatten, der nicht verstünde, diese namenlose Verbunden-
heit bei ihr zu achten, der engherzig genug wäre, alle diese
verteilten Sympathien auf sich vereinigen zu wollen.
(Eine kleine Pause.
Hans Karl raucht.)

NEUHOFF.
Sie ist wie Sie: eines der Wesen, um die man nicht werben
kann: die sich einem schenken müssen.
(Abermals eine kleine Pause.)

NEUHOFF *(mit einer großen, vielleicht nicht ganz echten Sicherheit).*
Ich bin ein Wanderer, meine Neugierde hat mich um die
halbe Welt getrieben. Das, was schwierig zu kennen ist,
fasziniert mich; was sich verbirgt, zieht mich an. Ich
möchte ein stolzes, kostbares Wesen, wie Gräfin Helene,
in Ihrer Gesellschaft sehen, Graf Bühl. Sie würde eine andere werden, sie würde aufblühen: denn ich kenne nie-
manden, der so sensibel ist für menschliche Qualität.

HANS KARL.
Das sind wir hier ja alle ein bißchen. Vielleicht ist das gar
nichts so Besonderes an meiner Kusine.

NEUHOFF.
Ich denke mir die Gesellschaft, die ein Wesen wie Helene
Altenwyl umgeben müßte, aus Männern Ihrer Art beste-
hend. Jede Kultur hat ihre Blüten: Gehalt ohne Prätention, Vornehmheit gemildert durch eine unendliche Grazie, so ist die Blüte dieser alten Gesellschaft beschaffen,
der es gelungen ist, was die Ruinen von Luxor und die
Wälder des Kaukasus nicht vermochten, einen Unstäten,
wie mich, in ihrem Bannkreis festzuhalten. Aber, erklären Sie mir eins, Graf Bühl. Gerade die Männer Ihres
Schlages, von denen die Gesellschaft ihr eigentliches Ge-
präge empfängt, begegnet man allzu selten in ihr. Sie
scheinen ihr auszuweichen.

STANI.

Aber gar nicht, Sie werden den Onkel Kari gleich heute
abend bei Altenwyls sehen, und ich fürchte sogar, so ge-
mütlich dieser kleine Plausch hier ist, so müssen wir ihm
bald Gelegenheit geben, sich umzuziehen. *(Er ist aufgestanden.)*

NEUHOFF.

Müssen wir das, so sage ich Ihnen für jetzt adieu, Graf
Bühl. Wenn Sie jemals, sei es in welcher Lage immer, eines fahrenden Ritters bedürfen sollten, *(schon im Gehen)*
der dort, wo er das Edle, das Hohe ahnt, ihm unbedingt
und ehrfürchtig zu dienen gewillt ist, so rufen Sie mich.

*(Hans Karl, dahinter Stani, begleiten ihn. Wie sie an der Tür
sind, klingelt das Telephon.)*

NEUHOFF.

Bitte, bleiben Sie, der Apparat begehrt nach Ihnen.

STANI.

Darf ich Sie bis an die Stiege begleiten?

HANS KARL *(an der Tür)*.

Ich danke Ihnen sehr für Ihren guten Besuch, Baron
Neuhoff.

(Neuhoff und Stani ab.)

HANS KARL *(allein mit dem heftig klingelnden Apparat, geht an
die Wand und drückt an den Zimmertelegraph, rufend)*.

Lukas, abstellen! Ich mag diese indiskrete Maschine
nicht! Lukas!

(Das Klingeln hört auf.)

Dreizehnte Szene

STANI *(kommt zurück).*

Nur für eine Sekunde, Onkel Kari, wenn du mir verzeihst. Ich hab müssen dein Urteil über diesen Herrn
hören!

HANS KARL.

Das deinige scheint ja fix und fertig zu sein.

STANI.

Ah, ich find ihn einfach unmöglich. Ich verstehe einfach
eine solche Figur nicht. Und dabei ist der Mensch ganz
gut geboren!

HANS KARL.

Und du findest ihn so unannehmbar?

STANI.

Aber ich bitte: so viel Taktlosigkeiten als Worte.

HANS KARL.

Er will sehr freundlich sein, er will für sich gewinnen.

STANI.

Aber man hat doch eine assurance, man kriecht wildfremden Leuten doch nicht in die Westentasche.

HANS KARL.

Und er glaubt allerdings, daß man etwas aus sich machen
kann – das würde ich als eine Naivität ansehen oder als
Erziehungsfehler.

STANI *(geht aufgeregt auf und ab).*

Diese Tiraden über die Helen!

HANS KARL.

Daß ein Mädel wie die Helen mit ihm Konversation über
unsereinen führt, macht mir auch keinen Spaß.

STANI.

Daran ist gewiß kein wahres Wort. Ein Kerl, der kalt und
warm aus einem Munde blast.

HANS KARL.

Es wird alles sehr ähnlich gewesen sein, wie er sagt. Aber

es gibt Leute, in deren Mund sich alle Nuancen verändern, unwillkürlich.

STANI.

Du bist von einer Toleranz!

HANS KARL.

Ich bin halt sehr alt, Stani.

STANI.

Ich ärgere mich jedenfalls rasend, das ganze Genre bringt
mich auf, diese falsche Sicherheit, diese ölige Suada, dieses
Kokettieren mit seinem odiosen Spitzbart.

HANS KARL.

Er hat Geist, aber es wird einem nicht wohl dabei.

STANI.

Diese namenlosen Indiskretionen. Ich frage: was geht ihn
dein Gesicht an?

HANS KARL.

Au fond ist man vielleicht ein bedauernswerter Mensch,
wenn man so ist.

STANI.

Ich nenne ihn einen odiosen Kerl. Jetzt muß ich aber zur
Mamu hinauf. Ich seh dich jedenfalls in der Nacht im
Klub, Onkel Kari.

(Agathe sieht leise bei der Tür rechts herein, sie glaubt Hans
Karl allein.

Stani kommt noch einmal nach vorne.

Hans Karl winkt Agathe, zu verschwinden.)

STANI.

Weißt du, ich kann mich nicht beruhigen. Erstens die
Bassesse, einem Herrn wie dir ins Gesicht zu schmei-
cheln.

HANS KARL.

Das war nicht sehr elegant.

STANI.

Zweitens das Affichieren einer weiß Gott wie dicken

Freundschaft mit der Helen. Drittens die Spionage, ob du
dich für sie interessierst.

HANS KARL *(lächelnd)*.

Meinst du, er hat ein bißl das Terrain sondieren wollen?

STANI.

Viertens diese maßlos indiskrete Anspielung auf seine
künftige Situation. Er hat sich uns ja geradezu als ihren
Zukünftigen vorgestellt. Fünftens dieses odiose Perorieren, das es einem unmöglich macht, auch nur einmal die
Replik zu geben. Sechstens dieser unmögliche Abgang.
Das war ja ein Geburtstagswunsch, ein Leitartikel. Aber
ich halt dich auf, Onkel Kari.

*(Agathe ist wieder in der Tür erschienen, gleiches Spiel wie
früher.)*

STANI *(war schon im Verschwinden, kommt wieder nach
vorne)*.

Darf ich noch einmal? Das eine kann ich nicht begreifen,
daß dir die Sache wegen der Helen nicht nähergeht!

HANS KARL.

Inwiefern mir?

STANI.

Pardon, mir steht die Helen zu nahe, als daß ich diese
unmögliche Phrase von »Verehrung« und »Angehören«
goutieren könnt. Wenn man die Helen von klein auf
kennt, wie eine Schwester!

HANS KARL.

Es kommt ein Moment, wo die Schwestern sich von den
Brüdern trennen.

STANI.

Aber nicht für einen Neuhoff. Ah, ah!

HANS KARL.

Eine kleine Dosis von Unwahrheit ist den Frauen sehr
sympathisch.

STANI.

So ein Kerl dürfte nicht in die Nähe von der Helen.

HANS KARL.

Wir werden es nicht hindern können.

STANI.

Ah, das möcht ich sehen. Nicht in die Nähe!

HANS KARL.

Er hat uns die kommende Verwandtschaft angekündigt.

STANI.

In welchem Zustand muß die Helen sein, wenn sie sich mit diesem Menschen einläßt.

HANS KARL.

Weißt du, ich habe mir abgewöhnt, aus irgendeiner Handlung von Frauen Folgerungen auf ihren Zustand zu ziehen.

STANI.

Nicht, daß ich eifersüchtig wäre, aber mir eine Person wie die Helen – als Frau dieses Neuhoff zu denken, das ist für mich eine derartige Unbegreiflichkeit – die Idee ist mir einfach unfaßlich – ich muß sofort mit der Mamu davon sprechen.

HANS KARL *(lächelnd)*.

Ja, tu das, Stani. –

(Stani ab.)

Vierzehnte Szene

LUKAS *(tritt ein)*.

Ich fürchte, das Telephon war hereingestellt.

HANS KARL.

Ich will das nicht.

LUKAS.

Sehr wohl, Euer Erlaucht. Der neue Diener muß es umgestellt haben, ohne daß ichs bemerkt habe. Er hat überall die Hände und die Ohren, wo er sie nicht haben soll.

HANS KARL.

Morgen um sieben Uhr früh expedieren.

LUKAS.

Sehr wohl. Der Diener vom Herrn Grafen Hechingen war am Telephon. Der Herr Graf möchten selbst gern sprechen wegen heute abend: ob Erlaucht in die Soiree zu Graf Altenwyl gehen oder nicht. Nämlich, weil die Frau Gräfin auch dort sein wird.

HANS KARL.

Rufen Sie jetzt bei Graf Altenwyl an und sagen Sie, ich habe mich freigemacht, lasse um Erlaubnis bitten, trotz meiner Absage doch zu erscheinen. Und dann verbinden Sie mich mit dem Grafen Hechingen, ich werde selbst sprechen. Und bitten Sie indes die Kammerfrau, hereinzukommen.

LUKAS.

Sehr wohl.
(Geht ab. Agathe herein.)

Fünfzehnte Szene

HANS KARL *(nimmt das Paket mit den Briefen).*

Hier sind die Briefe. Sagen Sie der Frau Gräfin, daß ich mich von diesen Briefen darum trennen kann, weil die Erinnerung an das Schöne für mich unzerstörbar ist; ich werde sie nicht in einem Brief finden, sondern überall.

AGATHE.

Oh, ich küß die Hand! Ich bin ja so glücklich. Jetzt weiß ich, daß meine Frau Gräfin unsern Herrn Grafen bald wiedersehen wird.

HANS KARL.

Sie wird mich heut abend sehen. Ich werde auf die Soiree kommen.

AGATHE.

Und dürften wir hoffen, daß sie – daß derjenige, der ihr entgegentritt, der gleiche sein wird, wie immer?

HANS KARL.

Sie hat keinen besseren Freund.

AGATHE.

Oh, ich küß die Hand.

HANS KARL.

Sie hat nur zwei wahre Freunde auf der Welt: mich und ihren Mann.

AGATHE.

Oh, mein Gott, das will ich nicht hören. O Gott, o Gott, das Unglück, daß sich unser Herr Graf mit dem Grafen Hechingen befreundet hat. Meiner Frau Gräfin bleibt wirklich nichts erspart.

HANS KARL *(geht nervös ein paar Schritte von ihr weg).*

Ja, ahnen denn die Frauen so wenig, was ein Mann ist?! Und wer sie wirklich liebhat!

AGATHE.

Oh, nur das nicht. Wir lassen uns ja von Euer Erlaucht alles einreden, aber das nicht, das ist zu viel!

HANS KARL *(auf und ab).*

Also nicht. Nicht helfen können! Nicht so viel!

(Pause.)

AGATHE *(schüchtern und an ihn herantretend).*

Oder versuchen Sies doch. Aber nicht durch mich: für eine solche Botschaft bin ich zu ungebildet. Da hätte ich nicht die richtigen Ausdrücke. Und auch nicht brieflich. Das gibt nur Mißverständnisse. Aber Aug in Aug: ja, gewiß! Da werden Sie schon was ausrichten! Was sollen Sie bei meiner Frau Gräfin nicht ausrichten! Nicht vielleicht beim erstenmal. Aber wiederholt – wenn Sie ihr recht eindringlich ins Gewissen reden – wie sollte Sie Ihnen denn da widerstehen können?

(Das Telephon läutet wieder.)

HANS KARL *(geht ans Telephon und spricht hinein).*

Ja, ich bin es selbst. Hier. Ja, ich bin am Apparat. Ich bleibe. Graf Bühl. Ja, selbst.

AGATHE.

Ich küß die Hand. *(Geht schnell ab, durch die Mitteltür.)*

HANS KARL *(am Telephon).*

Hechingen, guten Abend! Ja, ich habs mir überlegt. Ich habe zugesagt. Ich werde Gelegenheit nehmen. Gewiß. Ja, das hat mich bewogen, hinzugehen. Gerade auf einer Soiree, da ich nicht Bridge spiele und deine Frau, wie ich glaube, auch nicht. Kein Anlaß. Auch dazu ist kein Anlaß. Zu deinem Pessimismus. Zu deinem Pessimismus! Du verstehst nicht? Zu deiner Traurigkeit ist kein Anlaß. Absolut bekämpfen! Allein? Also die berühmte Flasche Champagner. Ich bringe bestimmt das Resultat vor Mitternacht. Übertriebene Hoffnungen natürlich auch nicht. Du weißt, daß ich das Mögliche versuchen werde. Es entspricht doch auch meiner Empfindung. Es entspricht meiner Empfindung! Wie? Gestört? Ich habe gesagt: Es entspricht meiner Empfindung. Empfindung! Eine ganz gleichgültige Phrase! Keine Frage, eine Phrase! Ich habe eine gleichgültige Phrase gesagt! Welche? Es entspricht meiner Empfindung. Nein, ich nenne es nur eine gleichgültige Phrase, weil du es so lange nicht verstanden hast. Ja. Ja. Ja! Adieu. Schluß! *(Läutet.)* Es gibt Menschen, mit denen sich alles kompliziert, und dabei ist das so ein exzellenter Kerl!

Sechzehnte Szene

STANI *(aufs neue in der Mitteltür).*

Ist es sehr unbescheiden, Onkel Kari?

HANS KARL.

Aber bitte, ich bin zur Verfügung.

STANI *(vorne bei ihm).*

Ich muß dir melden, Onkel Kari, daß ich inzwischen eine Konversation mit der Mamu gehabt habe und zu einem Resultat gekommen bin.

(Hans Karl sieht ihn an.)

STANI.

Ich werde mich mit der Helen Altenwyl verloben.

HANS KARL.

Du wirst dich –

STANI.

Ja, ich bin entschlossen, die Helen zu heiraten. Nicht heute und nicht morgen, aber in der allernächsten Zeit. Ich habe alles durchgedacht. Auf der Stiege von hier bis in den zweiten Stock hinauf. Wie ich zur Mamu in den zweiten Stock gekommen bin, war alles fix und fertig. Weißt du, die Idee ist mir plötzlich gekommen, wie ich bemerkt hab, du interessierst dich nicht für die Helen.

HANS KARL.

Aha.

STANI.

Begreifst du? Es war so eine Idee von der Mamu. Sie behauptet, man weiß nie, woran man mit dir ist – am Ende hättest du doch daran gedacht, die Helen zu nehmen – und du bist doch für die Mamu immer der Familienchef, ihr Herz ist halt ganz Bühlisch.

HANS KARL *(halb abgewandt).*

Die gute Crescence!

STANI.

Aber ich hab immer widersprochen. Ich verstehe ja jede Nuance von dir. Ich hab von jeher gefühlt, daß von einem Interesse für die Helen bei dir nicht die Idee sein kann.

HANS KARL *(dreht sich plötzlich zu ihm um).*

Und deine Mutter?

STANI.

Die Mamu?

HANS KARL.

Ja, wie hat sie es aufgefaßt?

STANI.

Feuer und Flamme natürlich. Sie hat ein ganz rotes Gesicht bekommen vor Freude. Wundert dich das, Onkel Kari?

HANS KARL.

Nur ein bißl, nur eine Idee – ich hab immer den Eindruck gehabt, daß deine Mutter einen bestimmten Gedanken hat in bezug auf die Helen.

STANI.

Eine Aversion?

HANS KARL.

Gar nicht. Nur eine Ansicht. Eine Vermutung.

STANI.

Früher, die früheren Jahre?

HANS KARL.

Nein, vor einer halben Stunde.

STANI.

In welcher Richtung? Aber die Mamu ist ja so eine Windfahn! Das vergißt sie ja im Moment. Vor einem Entschluß von mir, da ist sie sofort auf den Knien. Da spürt sie den Mann. Sie adoriert das fait accompli.

HANS KARL.

Also, du hast dich entschlossen? –

STANI.

Ja, ich bin entschlossen.

HANS KARL.

So auf eins, zwei!

STANI.

Das ist doch genau das, worauf es ankommt. Das impo-
niert ja den Frauen so enorm an mir. Dadurch eben behalte ich immer die Führung in der Hand.

(Hans Karl raucht.)

STANI.

Siehst du, du hast vielleicht früher auch einmal daran gedacht, die Helen zu heiraten –

HANS KARL.

Gott, vor Jahren vielleicht. In irgendeinem Moment, wie
man an tausend Sachen denkt.

STANI.

Begreifst du? Ich hab nie daran gedacht! Aber im Augenblick, wo ich es denke, bring ich es auch zu Ende. – Du
bist verstimmt?

HANS KARL.

Ich habe ganz unwillkürlich einen Moment an die Antoinette denken müssen.

STANI.

Aber jede Sache auf der Welt muß doch ihr Ende haben.

HANS KARL.

Natürlich. Und das beschäftigt dich gar nicht, ob die Helen frei ist? Sie scheint doch zum Beispiel diesem Neuhoff
Hoffnungen gegeben zu haben.

STANI.

Das ist ja genau mein Kalkül. Über Hoffnungen, die sich
der Herr von Neuhoff macht, gehe ich einfach hinweg.
Und daß für die Helen ein Theophil Neuhoff überhaupt
in Frage kommen kann, das beweist doch gerade, daß
eine ernste Okkupation bei ihr nicht vorhanden ist. Sol-

che Komplikationen statuier ich nicht. Das sind Launen,
oder sagen wir das Wort: Verirrungen.

HANS KARL.

Sie ist schwer zu kennen.

STANI.

Aber ich kenn doch ihr Genre. In letzter Linie kann die
sich für keinen Typ von Männern interessieren als für den
unsrigen; alles andere ist eine Verirrung. Du bist so still,
hast du dein Kopfweh? *headache*

HANS KARL.

Aber gar nicht. Ich bewundere deinen Mut.

STANI.

Du und Mut und bewundern?

HANS KARL.

Das ist eine andere Art von Mut als der im Graben.

STANI.

Ja, ich versteh dich ja so gut, Onkel Kari. Du denkst an
die Chancen, die ich sonst noch im Leben gehabt hätte.
Du hast das Gefühl, daß ich mich vielleicht zu billig weg-
geb. Aber siehst du, da bin ich wieder ganz anders; ich
liebe das Vernünftige und Definitive. Du, Onkel Kari,
bist au fond, verzeih, daß ich es heraussage, ein Idealist:
deine Gedanken gehen auf das Absolute, auf das Voll-
kommene. Das ist ja sehr elegant gedacht, aber unreali-
sierbar. Au fond bist du da wie die Mamu; der ist nichts
gut genug für mich. Ich habe die Sache durchgedacht, wie
sie ist. Die Helen ist ein Jahr jünger wie ich.

HANS KARL.

Ein Jahr?

STANI.

Sie ist ausgezeichnet geboren.

HANS KARL.

Man kann nicht besser sein.

STANI.

Sie ist elegant.

HANS KARL.

Sehr elegant.

STANI.

Sie ist reich.

HANS KARL.

Und vor allem so hübsch.

STANI.

Sie hat Rasse.

HANS KARL.

Ohne Vergleich.

STANI.

Bitte, vor allem in den zwei Punkten, auf die in der Ehe
alles ankommt. Primo: sie kann nicht lügen, secundo: sie
hat die besten Manieren von der Welt.

HANS KARL.

Sie ist so delizios artig, wie sonst nur alte Frauen sind.

STANI.

Sie ist gescheit wie der Tag.

HANS KARL.

Wem sagst du das? Ich hab ihre Konversation so gern.

STANI.

Und sie wird mich mit der Zeit adorieren.

HANS KARL *(vor sich, unwillkürlich)*.

Auch das ist möglich.

STANI.

Aber nicht möglich. Ganz bestimmt. Bei diesem Genre
von Frauen bringt das die Ehe mit sich. In der Liaison
hängt alles von Umständen ab, da sind Bizarrerien möglich, Täuschungen, Gott weiß was. In der Ehe beruht alles
auf der Dauer; auf die Dauer nimmt jeder die Qualität
des andern derart in sich auf, daß von einer wirklichen
Differenz nicht mehr die Rede sein kann: unter der einen
Voraussetzung, daß die Ehe aus dem richtigen Entschluß
hervorgeht. Das ist der Sinn der Ehe.

Siebzehnte Szene

LUKAS *(eintretend)*.

Frau Gräfin Freudenberg.

CRESCENCE *(an Lukas vorbei, tritt schnell ein)*.

Also, was sagt Er mir zu dem Buben, Kari? Ich bin ja überglücklich. Gratulier Er mir doch!

HANS KARL *(ein wenig abwesend)*.

Meine gute Crescence. Ich wünsch den allergrößten Erfolg. *(Stani empfiehlt sich stumm.)*

CRESCENCE.

Schick Er mir das Auto retour.

STANI.

Bitte zu verfügen. Ich gehe zu Fuß. *(Geht.)*

Achtzehnte Szene

CRESCENCE.

Der Erfolg wird sehr stark von dir abhängen.

HANS KARL.

Von mir? Ihm stehts doch auf der Stirne geschrieben, daß er erreicht, was er sich vornimmt.

CRESCENCE.

Für die Helen ist dein Urteil alles.

HANS KARL.

Wieso, Crescence, inwiefern?

CRESCENCE.

Für den Vater Altenwyl natürlich noch mehr. Der Stani ist eine sehr nette Partie, aber nicht epatant. Darüber mach ich mir keine Illusionen. Aber wenn Er ihn appuyiert, Kari, ein Wort von Ihm hat gerade für die alten Leut so viel Gewicht. Ich weiß gar nicht, woran das liegt.

HANS KARL.

Ich gehör halt selbst schon bald zu ihnen.

CRESCENCE.

Kokettier Er nicht mit seinem Alter. Wir zwei sind nicht alt und nicht jung. Aber ich hasse schiefe Positionen. Ich möcht schon lieber mit grauem Haar und einer Hornbrille dasitzen.

HANS KARL.

Darum legt Sie sich zeitig aufs Heiratstiften.

CRESCENCE.

Ich habs immer für Ihn tun wollen, Kari, schon vor zwölf Jahren. Aber Er hat immer diesen stillen obstinaten Widerspruch in sich gehabt.

HANS KARL.

Meine gute Crescence!

CRESCENCE.

Hundertmal hab ich Ihm gesagt: sag Er mir, was Er erreichen will, und ich nehms in die Hand.

HANS KARL.

Ja, das hat Sie mir oft gesagt, weiß Gott, Crescence.

CRESCENCE.

Aber man hat ja bei Ihm nicht gewußt, woran man ist! *(Hans Karl nickt.)*

CRESCENCE.

Und jetzt macht halt der Stani, was Er nicht hat machen wollen. Ich kann gar nicht erwarten, daß wieder kleine Kinder in Hohenbühl und in Göllersdorf herumlaufen.

HANS KARL.

Und in den Schloßteich fallen! Weiß Sie noch, wie sie mich halbtot herausgezogen haben? Weiß Sie – ich hab manchmal die Idee, daß gar nichts Neues auf der Welt passiert.

CRESCENCE.

Wie meint Er das?

HANS KARL.

Daß alles schon längst irgendwo fertig dasteht und nur auf einmal erst sichtbar wird. Weißt du, wie im Hohenbühler Teich, wenn man im Herbst das Wasser abgelassen hat, auf einmal die Karpfen und die Schweife von den steinernen Tritonen da waren, die man früher kaum gesehen hat? Eine burleske Idee, was!

CRESCENCE.

Ist Er denn auf einmal schlecht aufgelegt, Kari?

HANS KARL *(gibt sich einen Ruck)*.

Im Gegenteil, Crescence. Ich danke euch so sehr als ich nur kann, Ihr und dem Stani, für das gute Tempo, das ihr mir gebt mit eurer Frische und eurer Entschiedenheit. *(Er küßt ihr die Hand.)*

CRESCENCE.

Findet Er, daß Ihm das gut tut, uns in der Nähe zu haben?

HANS KARL.

Ich hab jetzt einen sehr guten Abend vor mir. Zuerst eine ernste Konversation mit der Toinette –

CRESCENCE.

Aber das brauchen wir ja jetzt gar nicht!

HANS KARL.

Ah, ich red doch mit ihr, jetzt hab ich es mir einmal vorgenommen, und dann soll ich also als Onkel vom Stani die gewissen seriosen Unterhaltungen anknüpfen.

CRESCENCE.

Das Wichtigste ist, daß du ihn bei der Helen ins richtige Licht stellst.

HANS KARL.

Da hab ich also ein richtiges Programm. Sieht Sie, wie Sie mich reformiert? Aber weiß Sie, vorher – ich hab eine Idee – vorher geh ich für eine Stunde in den Zirkus, da haben sie jetzt einen Clown – eine Art von dummem August –

CRESCENCE.

Der Furlani, über den ist die Nanni ganz verrückt. Ich hab gar keinen Sinn für diese Späße.

HANS KARL.

Ich find ihn delizios. Mich unterhält er viel mehr als die gescheiteste Konversation von Gott weiß wem. Ich freu mich rasend. Ich gehe in den Zirkus, dann esse ich einen Bissen in einem Restaurant, und dann komm ich sehr munter in die Soiree und absolvier mein Programm.

CRESCENCE.

Ja, Er kommt und richtet dem Stani die Helen in die Hand, so was kann Er ja so gut. Er wäre doch ein so wunderbarer Botschafter geworden, wenn Er hätt wollen in der Karriere bleiben.

HANS KARL.

Dazu is es halt auch zu spät.

CRESCENCE.

Also, amüsier Er sich gut und komm Er bald nach.
(Hans Karl begleitet sie bis an die Tür, Crescence geht.)

Neunzehnte Szene

Hans Karl kommt nach vorn.
Lukas ist mit ihm hereingetreten.

HANS KARL.

Ich ziehe den Frack an. Ich werde gleich läuten.

LUKAS.

Sehr wohl, Eure Erlaucht.
(Hans Karl links ab.)

Zwanzigste Szene

VINZENZ *(tritt von rechts ein).*
Was machen Sie da?

LUKAS.
Ich warte auf das Glockenzeichen vom Toilettezimmer, dann geh ich hinein helfen.

VINZENZ.
Ich werde mit hineingehen. Es ist ganz gut, wenn ich mich an ihn gewöhne.

LUKAS.
Es ist nicht befohlen, also bleiben Sie draußen.

VINZENZ *(nimmt sich eine Zigarre).*
Sie, das ist doch ganz ein einfacher, umgänglicher Mensch, die Verwandten machen ja mit ihm, was sie wollen. In einem Monat wickel ich ihn um den Finger.
(Lukas schließt die Zigarren ein. Man hört eine Klingel. Lukas beeilt sich.)

VINZENZ.
Bleiben Sie nur noch. Er soll zweimal läuten.
(Setzt sich in einen Fauteuil.
Lukas ab in seinem Rücken.)

VINZENZ *(vor sich).*
Liebesbriefe stellt er zurück, den Neffen verheiratet er, und er selbst hat sich entschlossen, als ältlicher Junggeselle so dahinzuleben mit mir. Das ist genau, wie ich mirs vorgestellt habe. *(Über die Schulter nach rückwärts, ohne sich umzudrehen.)* Sie, Herr Schätz, ich bin ganz zufrieden, da bleib ich!

Der Vorhang fällt.

Zweiter Akt

Bei Altenwyls. Kleiner Salon im Geschmack des achtzehnten Jahrhunderts. Türen links, rechts und in der Mitte. Altenwyl mit Hans Karl eintretend von rechts. Crescence mit Helene und Neuhoff stehen links im Gespräch.

Erste Szene

ALTENWYL.

Mein lieber Kari, ich rechne dir dein Kommen doppelt hoch an, weil du nicht Brigde spielst und also mit den bescheidenen Fragmenten von Unterhaltung vorliebnehmen willst, die einem heutzutage in einem Salon noch geboten werden. Du findest bekanntlich bei mir immer nur die paar alten Gesichter, keine Künstler und sonstige Zelebritäten – die Edine Merenberg ist ja außerordentlich unzufrieden mit dieser altmodischen Hausführung, aber weder meine Helen noch ich goutieren das Genre von Gesellichkeit, was der Edine ihr Höchstes ist: wo sie beim ersten Löffel Suppe ihren Tischnachbar interpelliert, ob er an die Seelenwanderung glaubt, oder ob er schon einmal mit einem Fakir Bruderschaft getrunken hat.

CRESCENCE.

Ich muß Sie dementieren, Graf Altenwyl, ich hab drüben an meinem Bridgetisch ein ganz neues Gesicht, und wie die Mariette Stradonitz mir zugewispelt hat, ist es ein weltberühmter Gelehrter, von dem wir noch nie was gehört haben, weil wir halt alle Analphabeten sind.

ALTENWYL.

Der Professor Brücke ist in seinem Fach eine große Zelebrität und mir ein lieber politischer Kollege. Er genießt es

außerordentlich, in einem Salon zu sein, wo er keinen
Kollegen aus der gelehrten Welt findet, sozusagen als der
einzige Vertreter des Geistes in einem rein sozialen Mi-
lieu, und da ihm mein Haus diese bescheidene Annehm-
lichkeit bieten kann –

CRESCENCE.

Ist er verheiratet?

ALTENWYL.

Ich habe jedenfalls nie die Ehre gehabt, Madame Brücke
zu Gesicht zu bekommen.

CRESCENCE.

Ich find die berühmten Männer odios, aber ihre Fraun
noch ärger. Darin bin ich mit dem Kari einer Meinung.
Wir schwärmen für triviale Menschen und triviale Unterhaltungen, nicht, Kari?

ALTENWYL.

Ich hab darüber meine altmodische Auffassung, die
Helen kennt sie.

CRESCENCE.

Der Kari soll sagen, daß er mir recht gibt. Ich find, neun
Zehntel von dem, was unter der Marke von Geist geht, ist
nichts als Geschwätz.

NEUHOFF *(zu Helene)*.

Sind Sie auch so streng, Gräfin Helene?

HELENE.

Wir haben alle Ursache, wir jüngeren Menschen, wenn
uns vor etwas auf der Welt grausen muß, so davor: daß es
etwas gibt wie Konversation: Worte, die alles Wirkliche
verflachen und im Geschwätz beruhigen.

CRESCENCE.

Sag, daß du mir recht gibst, Kari!

HANS KARL.

Ich bitte um Nachsicht. Der Furlani ist keine Vorberei-
tung darauf, etwas Gescheites zu sagen.

ALTENWYL.

In meinen Augen ist Konversation das, was jetzt kein
Mensch mehr kennt: nicht selbst perorieren, wie ein Was-
serfall, sondern dem andern das Stichwort bringen. Zu
meiner Zeit hat man gesagt: wer zu mir kommt, mit dem
muß ich die Konversation so führen, daß er, wenn er die
Türschnallen in der Hand hat, sich gescheit vorkommt,
dann wird er auf der Stiegen mich gescheit finden. –
Heutzutag hat aber keiner, pardon für die Grobheit, den
Verstand zum Konversationmachen und keiner den Verstand, seinen Mund zu halten – ah, erlaub, daß ich dich
mit Baron Neuhoff bekannt mache, mein Vetter Graf
Bühl.

NEUHOFF.

Ich habe die Ehre, von Graf Bühl gekannt zu sein.

CRESCENCE *(zu Altenwyl).*

Alle diese gescheiten Sachen müßten Sie der Edine sagen
– bei der geht der Kultus für die bedeutenden Menschen
und die gedruckten Bücher ins Uferlose. Mir ist schon das
Wort odios: bedeutende Menschen – es liegt so eine Präpotenz darin!

ALTENWYL.

Die Edine ist eine sehr gescheite Frau, aber sie will immer
zwei Fliegen auf einen Schlag erwischen: ihre Bildung
vermehren und etwas für ihre Wohltätigkeitsgeschichten
herausschlagen.

HELENE.

Pardon, Papa, sie ist keine gescheite Frau, sie ist eine
dumme Frau, die sich fürs Leben gern mit gescheiten
Leuten umgeben möchte, aber dabei immer die falschen
erwischt.

CRESCENCE.

Ich wundere mich, daß sie bei ihrer rasenden Zerstreut-
heit nicht mehr Konfusionen anstellt.

ALTENWYL.

Solche Wesen haben einen Schutzengel.

EDINE *(tritt dazu durch die Mitteltür).*

Ich seh, ihr sprechts von mir, sprechts nur weiter, genierts euch nicht.

CRESCENCE.

Na, Edine, hast du den berühmten Mann schon kennengelernt?

EDINE.

Ich bin wütend, Graf Altenwyl, daß Sie ihn ihr als Partner gegeben haben und nicht mir. *(Setzt sich zu Crescence.)* Ihr habts keine Idee, wie ich mich für ihn interessier. Ich les doch die Bücher von die Leut. Von diesem Brückner hab ich erst vor ein paar Wochen ein dickes Buch gelesen.

NEUHOFF.

Er heißt Brücke. Er ist der zweite Präsident der Akademie der Wissenschaften.

EDINE.

In Paris?

NEUHOFF.

Nein, hier in Wien.

EDINE.

Auf dem Buch ist gestanden: Brückner.

CRESCENCE.

Vielleicht war das ein Druckfehler.

EDINE.

Es hat geheißen: Über den Ursprung aller Religionen. Da ist eine Bildung drin, und eine Tiefe! Und so ein schöner Stil!

HELENE.

Ich werd ihn dir bringen, Tante Edine.

NEUHOFF.

Wenn Sie erlauben, werde ich ihn suchen und ihn herbringen, sobald er pausiert.

EDINE.

Ja, tun Sie das, Baron Neuhoff. Sagen Sie ihm, daß ich seit Jahren nach ihm fahnde.

(Neuhoff geht links ab.)

CRESCENCE.

Er wird sich nichts Besseres verlangen, mir scheint, er ist ein ziemlicher –

EDINE.

Sagts nicht immer gleich »snob«, der Goethe ist auch vor jeder Fürstin und Gräfin – ich hätt bald was gsagt.

CRESCENCE.

Jetzt ist sie schon wieder beim Goethe, die Edine! *(Sieht sich nach Hans Karl um, der mit Helene nach rechts getreten ist.)*

HELENE *(zu Hans Karl).*

Sie haben ihn so gern, den Furlani?

HANS KARL.

Für mich ist ein solcher Mensch eine wahre Rekreation.

HELENE.

Macht er so geschickte Tricks?

(Sie setzt sich rechts, Hans Karl neben ihr.
Crescence geht durch die Mitte weg, Altenwyl und Edine haben sich links gesetzt.)

HANS KARL.

Er macht gar keine Tricks. Er ist doch der dumme August!

HELENE.

Also ein Wurstel?

HANS KARL.

Nein, das wäre ja outriert! Er outriert nie, er karikiert auch nie. Er spielt seine Rolle: er ist der, der alle begreifen, der allen helfen möchte und dabei alles in die größte Konfusion bringt. Er macht die dümmsten Lazzi, die Galerie kugelt sich vor Lachen, und dabei behält er eine

élégance, eine Diskretion, man merkt, daß er sich ~~~~
und alles, was auf der Welt ist, respektiert. Er bringt alles durcheinander, wie Kraut und Rüben; wo er hingeht, geht alles drunter und drüber, und dabei möchte man rufen: »Er hat ja recht!«

EDINE *(zu Altenwyl).*

Das Geistige gibt uns Frauen doch viel mehr Halt! Das geht der Antoinette zum Beispiel ganz ab. Ich sag ihr immer: sie soll ihren Geist kultivieren, das bringt einen auf andere Gedanken.

ALTENWYL.

Zu meiner Zeit hat man einen ganz anderen Maßstab an die Konversation angelegt. Man hat doch etwas auf eine schöne Replik gegeben, man hat sich ins Zeug gelegt, um brillant zu sein.

EDINE.

Ich sag: wenn ich Konversation mach, will ich doch woanders hingeführt werden. Ich will doch heraus aus der Banalität. Ich will doch wohintransportiert werden!

HANS KARL *(zu Helene, in seiner Konversation fortfahrend).*

Sehen Sie, Helen, alle diese Sachen sind ja schwer: die Tricks von den Equilibristen und Jongleurs und alles – zu allem gehört ja ein fabelhaft angespannter Wille und direkt Geist. Ich glaub, mehr Geist, als zu den meisten Konversationen. –

HELENE.

Ah, das schon sicher.

HANS KARL.

Absolut. Aber das, was der Furlani macht, ist noch um eine ganze Stufe höher, als was alle andern tun. Alle andern lassen sich von einer Absicht leiten und schauen nicht rechts und nicht links, ja, sie atmen kaum, bis sie ihre Absicht erreicht haben: darin besteht eben ihr Trick. Er aber tut scheinbar nichts mit Absicht – er geht immer auf die Absicht der andern ein. Er möchte alles mittun, was die andern tun, so viel guten Willen hat er, so fasziniert ist er von jedem einzelnen Stückl, was irgendeiner vormacht: wenn er einen Blumentopf auf der Nase balanciert, so balanciert er ihn auch, sozusagen aus Höflichkeit.

HELENE.

Aber er wirft ihn hinunter?

HANS KARL.

Aber wie er ihn hinunterwirft, darin liegts! Er wirft ihn hinunter aus purer Begeisterung und Seligkeit darüber, daß er ihn so schön balancieren kann! Er glaubt, wenn mans ganz schön machen tät, müßts von selber gehen.

HELENE *(vor sich)*.

Und das hält der Blumentopf gewöhnlich nicht aus und fällt hinunter.

ALTENWYL *(zu Edine)*.

Dieser Geschäftston heutzutage! Und ich bitte dich, auch zwischen Männern und Frauen: dieses gewisse Zielbewußte in der Unterhaltung!

EDINE.

Ja, das ist mir auch eine horreur! Man will doch ein bißl eine schöne Art, ein Versteckenspielen –

ALTENWYL.

Die jungen Leut wissen ja gar nicht mehr, daß die Sauce mehr wert ist als der Braten – da herrscht ja eine Direktheit!

EDINE.

Weil die Leut zu wenig gelesen haben! Weil sie ihren Geist zu wenig kultivieren!

(Sie sind im Reden aufgestanden und entfernen sich nach links.)

HANS KARL *(zu Helene)*.

Wenn man dem Furlani zuschaut, kommen einem die ge-

schicktesten Clowns vulgär vor. Er ist förmlich schön vor
lauter Nonchalance – aber natürlich gehört zu dieser
Nonchalance genau das Doppelte wie zu den andern ihrer Anspannung.

HELENE.
Ich begreif, daß Ihnen der Mensch sympathisch ist. Ich
find auch alles, wo man eine Absicht merkt, die dahinter-
steckt, ein bißl vulgär.

HANS KARL.
Oho, heute bin ich selber mit Absichten geladen, und
diese Absichten beziehen sich auf Sie, Gräfin Helene.

HELENE *(mit einem Zusammenziehen der Augenbrauen)*.
Oh, Gräfin Helene! Sie sagen »Gräfin Helene« zu mir?
*(Huberta erscheint in der Mitteltür und streift Hans Karl und
Helene mit einem kurzen, aber indiskreten Blick.)*

HANS KARL *(ohne Huberta zu bemerken)*.
Nein, im Ernst, ich muß Sie um fünf Minuten Konversation bitten – dann später, irgendwann – wir spielen ja
beide mit.

HELENE *(etwas unruhig, aber sehr beherrscht)*.
Sie machen mir angst. Was können Sie mit mir zu reden
haben? Das kann nichts Gutes sein.

HANS KARL.
Wenn Sies präokkupiert, dann um Gottes willen nicht!
(Huberta ist verschwunden.)

HELENE *(nach einer kleinen Pause)*.
Wann Sie wollen, aber später. Ich seh die Huberta, die
sich langweilt. Ich muß zu ihr gehen. *(Steht auf.)*

HANS KARL.
Sie sind so delizios artig. *(Ist auch aufgestanden.)*

HELENE.
Sie müssen jetzt der Antoinette und den paar andern
Frauen guten Abend sagen. *(Sie geht von ihm fort, bleibt in
der Mitteltür noch stehen.)* Ich bin nicht artig: ich spür nur,

was in den Leuten vorgeht, und das belästigt mich – und
da reagier ich dagegen mit égards, die ich für die Leut
hab. Meine Manieren sind nur eine Art von Nervosität,
mir die Leut vom Hals zu halten.
(Sie geht.
Hans Karl geht langsam ihr nach.)

Zweite Szene

Neuhoff und der berühmte Mann sind gleichzeitig
in der Tür links erschienen.

DER BERÜHMTE MANN *(in der Mitte des Zimmers angelangt,*
durch die Tür rechts blickend).
Dort in der Gruppe am Kamin befindet sich jetzt die
Dame, um deren Namen ich Sie fragen wollte.
NEUHOFF.
Dort in Grau? Das ist die Fürstin Pergen.
DER BERÜHMTE MANN.
Nein, die kenne ich seit langem. Die Dame in Schwarz.
NEUHOFF.
Die spanische Botschafterin. Sind Sie ihr vorgestellt?
Oder darf ich –
DER BERÜHMTE MANN.
Ich wünsche sehr, ihr vorgestellt zu werden. Aber wir
wollen es vielleicht in folgender Weise einrichten –
NEUHOFF *(mit kaum merklicher Ironie).*
Ganz wie Sie befehlen.
DER BERÜHMTE MANN.
Wenn Sie vielleicht die Güte haben, der Dame zuerst von
mir zu sprechen, ihr, da sie eine Fremde ist, meine Bedeu-
tung, meinen Rang in der wissenschaftlichen Welt und in

der Gesellschaft klarzulegen – so würde ich mich dann
sofort nachher durch den Grafen Altenwyl ihr vorstellen
lassen.

NEUHOFF.

Aber mit dem größten Vergnügen.

DER BERÜHMTE MANN.

Es handelt sich für einen Gelehrten meines Ranges nicht
darum, seine Bekanntschaften zu vermehren, sondern in
der richtigen Weise gekannt und aufgenommen zu werden.

NEUHOFF.

Ohne jeden Zweifel. Hier kommt die Gräfin Merenberg,
die sich besonders darauf gefreut hat, Sie kennenzulernen. Darf ich –

EDINE *(kommt).*

Ich freue mich enorm. Einen Mann dieses Ranges bitte
ich nicht mir vorzustellen, Baron Neuhoff, sondern mich
ihm zu präsentieren.

DER BERÜHMTE MANN *(verneigt sich).*

Ich bin sehr glücklich, Frau Gräfin.

EDINE.

Es hieße Eulen nach Athen tragen, wenn ich Ihnen sagen
wollte, daß ich zu den eifrigsten Leserinnen Ihrer berühmten Werke gehöre. Ich bin jedesmal hingerissen von
dieser philosophischen Tiefe, dieser immensen Bildung
und diesem schönen Prosastil.

DER BERÜHMTE MANN.

Ich staune, Frau Gräfin. Meine Arbeiten sind keine
leichte Lektüre. Sie wenden sich wohl nicht ausschließlich
an ein Publikum von Fachgelehrten, aber sie setzen Leser
von nicht gewöhnlicher Verinnerlichung voraus.

EDINE.

Aber gar nicht! Jede Frau sollte so schöne tiefsinnige
Bücher lesen, damit sie sich selbst in eine höhere Sphä-

re bringt: das sag ich früh und spät der Toinette Hechingen.

DER BERÜHMTE MANN.

Dürfte ich fragen, welche meiner Arbeiten den Vorzug gehabt hat, Ihre Aufmerksamkeit zu erwecken?

EDINE.

Aber natürlich das wunderbare Werk »Über den Ursprung aller Religionen«. Das hat ja eine Tiefe, und eine erhebende Belehrung schöpft man da heraus –

DER BERÜHMTE MANN *(eisig)*.

Hm. Das ist allerdings ein Werk, von dem viel geredet wird.

EDINE.

Aber noch lange nicht genug. Ich sag gerade zur Toinette, das müßte jede von uns auf ihrem Nachtkastl liegen haben.

DER BERÜHMTE MANN.

Besonders die Presse hat ja für dieses Opus eine zügellose Reklame zu inszenieren gewußt.

EDINE.

Wie können Sie das sagen! Ein solches Werk ist ja doch das Grandioseste –

DER BERÜHMTE MANN.

Es hat mich sehr interessiert, Frau Gräfin, Sie gleichfalls unter den Lobrednern dieses Produktes zu sehen. Mir selbst ist das Buch allerdings unbekannt, und ich dürfte mich auch schwerlich entschließen, den Leserkreis dieses Elaborates zu vermehren.

EDINE.

Wie? Sie sind nicht der Verfasser?

DER BERÜHMTE MANN.

Der Verfasser dieser journalistischen Kompilation ist mein Fakultätsgenosse Brückner. Es besteht allerdings eine fatale Namensähnlichkeit, aber diese ist auch die einzige.

EDINE.

Das sollte auch nicht sein, daß zwei berühmte Philoso-
phen so ähnliche Namen haben.

DER BERÜHMTE MANN.

Das ist allerdings bedauerlich, besonders für mich. Herr
Brückner ist übrigens nichts weniger als Philosoph. Er ist
Philologe, ich würde sagen, Salonphilologe, oder noch
besser: philologischer Feuilletonist.

EDINE.

Es tut mir enorm leid, daß ich da eine Konfusion gemacht
habe. Aber ich hab sicher auch von Ihren berühmten
Werken was zu Haus, Herr Professor. Ich les ja alles, was
einen ein bißl vorwärtsbringt. Jetzt hab ich gerad ein sehr
interessantes Buch über den »Semipelagianismus« und eines über die »Seele des Radiums« zu Hause liegen. Wenn
Sie mich einmal in der Heugasse besuchen –

DER BERÜHMTE MANN *(kühl).*

Es wird mir eine Ehre sein, Frau Gräfin. Allerdings bin
ich sehr in Anspruch genommen.

EDINE *(wollte gehen, bleibt nochmals stehen).*

Aber das tut mir ewig leid, daß Sie nicht der Verfasser
sind! Jetzt kann ich Ihnen auch meine Frage nicht vorlegen! Und ich wäre jede Wette eingegangen, daß Sie
der Einzige sind, der sie so beantworten könnte, daß ich
meine Beruhigung fände.

NEUHOFF.

Wollen Sie dem Professor nicht doch Ihre Frage vorlegen?

EDINE.

Sie sind ja gewiß ein Mann von noch profunderer Bildung als der andere Herr. *(Zu Neuhoff.)* Soll ich wirklich?
Es liegt mir ungeheuer viel an der Auskunft. Ich würde
fürs Leben gern eine Beruhigung finden.

DER BERÜHMTE MANN.

Wollen sich Frau Gräfin nicht setzen?

EDINE *(sich ängstlich umsehend, ob niemand hereintritt, dann schnell).*

Wie stellen Sie sich das Nirwana vor?

DER BERÜHMTE MANN.

Hm. Diese Frage aus dem Stegreif zu beantworten, dürfte allerdings Herr Brückner der richtige Mann sein.

(Eine kleine Pause.)

EDINE.

Und jetzt muß ich auch zu meinem Bridge zurück. Auf Wiedersehen, Herr Professor. *(Ab.)*

DER BERÜHMTE MANN *(sichtlich verstimmt).*

Hm. –

NEUHOFF.

Die arme gute Gräfin Edine! Sie dürfen ihr nichts übelnehmen.

DER BERÜHMTE MANN *(kalt).*

Es ist nicht das erste Mal, daß ich im Laienpublikum ähnlichen Verwechslungen begegne. Ich bin nicht weit davon, zu glauben, daß dieser Scharlatan Brückner mit Absicht auf dergleichen hinarbeitet. Sie können kaum ermessen, welche peinliche Erinnerungen eine groteske und schiefe Situation, wie die in der wir uns soeben befunden haben, in meinem Innern hinterläßt. Das erbärmliche Scheinwissen, von den Trompetenstößen einer bübischen Presse begleitet, auf den breiten Wellen der Popularität hinsegeln zu sehen – sich mit dem konfundiert zu sehen, wogegen man sich mit dem eisigen Schweigen der Nichtachtung unverbrüchlich gewappnet glaubte –

NEUHOFF.

Aber wem sagen Sie das alles, mein verehrter Professor! Bis in die kleine Nuance fühle ich Ihnen nach. Sich verkannt zu sehen in seinem Besten, früh und spät – das ist das Schicksal –

DER BERÜHMTE MANN.

In seinem Besten.

NEUHOFF.

Genau die Seite verkannt zu sehen, auf die alles ankommt –

DER BERÜHMTE MANN.

Sein Lebenswerk mit einem journalistischen –

NEUHOFF.

Das ist das Schicksal –

DER BERÜHMTE MANN.

Die in einer bübischen Presse –

NEUHOFF.

– des ungewöhnlichen Menschen, sobald er sich der banalen Menschheit ausliefert, den Frauen, die im Grunde zwischen einer leeren Larve und einem Mann von Bedeutung nicht zu unterscheiden wissen!

DER BERÜHMTE MANN.

Den verhaßten Spuren der Pöbelherrschaft bis in den Salon zu begegnen –

NEUHOFF.

Erregen Sie sich nicht. Wie kann ein Mann Ihres Ranges – Nichts, was eine Edine Merenberg und tutti quanti vorbringen, reicht nur entfernt an Sie heran.

DER BERÜHMTE MANN.

Das ist die Presse, dieser Hexenbrei aus allem und allem! Aber hier hätte ich mich davor sicher gehalten. Ich sehe, ich habe die Exklusivität dieser Kreise überschätzt, wenigstens was das geistige Leben anlangt.

NEUHOFF.

Geist und diese Menschen! Das Leben – und diese Menschen! Alle diese Menschen, die Ihnen hier begegnen, existieren ja in Wirklichkeit gar nicht mehr. Das sind ja alles nur mehr Schatten. Niemand, der sich in diesen Salons bewegt, gehört zu der wirklichen Welt, in der die geistigen Krisen des Jahrhunderts sich entscheiden. Sehen Sie doch um sich: eine Erscheinung wie die Figur dort im nächsten Zimmer, vom Scheitel bis zur Sohle sich balancierend in der Selbstsicherheit der unbegrenzten Trivialität – von Frauen und Mädchen umlagert – Kari Bühl.

DER BERÜHMTE MANN.

Ist das Graf Bühl?

NEUHOFF.

Er selbst, der berühmte Kari.

DER BERÜHMTE MANN.

Ich habe bis jetzt keine Gelegenheit gehabt, ihn kennenzulernen. Sind Sie befreundet mit ihm?

NEUHOFF.

Nicht allzusehr, aber hinlänglich, um ihn Ihnen in zwei Worten erschöpfend zu charakterisieren: absolutes, anmaßendes Nichts.

DER BERÜHMTE MANN.

Er hat einen außerordentlichen Rang innerhalb der ersten Gesellschaft. Er gilt für eine Persönlichkeit.

NEUHOFF.

Es ist nichts an ihm, das der Prüfung standhielte. Rein gesellschaftlich goutiere ich ihn halb aus Gewohnheit; aber Sie haben weniger als nichts verloren, wenn Sie ihn nicht kennenlernen.

DER BERÜHMTE MANN *(sieht unverwandt hin)*.

Ich würde mich sehr interessieren, seine Bekanntschaft zu machen. Glauben Sie, daß ich mir etwas vergebe, wenn ich mich ihm nähere?

NEUHOFF.

Sie werden Ihre Zeit mit ihm verlieren, wie mit allen diesen Menschen hier.

DER BERÜHMTE MANN.

Ich würde großes Gewicht darauf legen, mit Graf Bühl in

einer wirkungsvollen Weise bekannt gemacht zu werden, etwa durch einen seiner vertrauten Freunde.

NEUHOFF.

Zu diesen wünsche ich nicht gezählt zu werden, aber ich werde Ihnen das besorgen.

DER BERÜHMTE MANN.

Sie sind sehr liebenswürdig. Oder meinen Sie, daß ich mir nichts vergeben würde, wenn ich mich ihm spontan nähern würde?

NEUHOFF.

Sie erweisen dem guten Kari in jedem Fall zuviel Ehre, wenn Sie ihn so ernst nehmen.

DER BERÜHMTE MANN.

Ich verhehle nicht, daß ich großes Gewicht darauf lege, das feine und unbestechliche Votum der großen Welt den Huldigungen beizufügen, die meinem Wissen im breiten internationalen Laienpublikum zuteil geworden sind, und in denen ich die Abendröte einer nicht alltäglichen Gelehrtenlaufbahn erblicken darf.

(Sie gehen ab.)

Dritte Szene

Antoinette mit Edine, Nanni und Huberta sind indessen in der Mitteltür erschienen und kommen nach vorne.

ANTOINETTE.

So sagts mir doch was, so gebts mir doch einen Rat, wenn ihr sehts, daß ich so aufgeregt bin. Da mach ich doch die irreparablen Dummheiten, wenn man mir nicht beisteht.

EDINE.

Ich bin dafür, daß wir sie lassen. Sie muß wie zufällig ihm begegnen. Wenn wir sie alle convoyieren, so verscheuchen wir ihn ja geradezu.

HUBERTA.

Er geniert sich nicht. Wenn er mit ihr allein reden wollt, da wären wir Luft für ihn.

ANTOINETTE.

So setzen wir uns daher. Bleibts alle bei mir, aber nicht auffällig.

(Sie haben sich gesetzt.)

NANNI.

Wir plauschen hier ganz unbefangen: vor allem darfs nicht ausschauen, als ob du ihm nachlaufen tätest.

ANTOINETTE.

Wenn man nur das Raffinement von der Helen hätt, die lauft ihm nach auf Schritt und Tritt, und dabei schauts aus, als ob sie ihm aus dem Weg ging'.

EDINE.

Ich wär dafür, daß wir sie lassen, und daß sie ganz wie wenn nichts wär auf ihn zuging'.

HUBERTA.

In dem Zustand wie sie ist, kann sie doch nicht auf ihn zugehen wie wenn nichts wär.

ANTOINETTE *(dem Weinen nah)*.

Sagts mir doch nicht, daß ich in einem Zustand bin! Lenkts mich doch ab von mir! Sonst verlier ich ja meine ganze Contenance. Wenn ich nur wen zum Flirten da hätt!

NANNI *(will aufstehen)*.

Ich hol ihr den Stani her.

ANTOINETTE.

Der Stani tät mir nicht so viel nützen. Sobald ich weiß, daß der Kari wo in einer Wohnung ist, existieren die andern nicht mehr für mich.

HUBERTA.

Der Feri Uhlfeldt tät vielleicht doch noch existieren.

ANTOINETTE.

Wenn die Helen in meiner Situation wär, die wüßt sich zu

helfen. Sie macht sich mit der größten Unverfrorenheit einen Paravent aus dem Theophil, und dahinter operiert sie.

HUBERTA.

Aber sie schaut ja den Theophil gar nicht an, sie is ja die ganze Zeit hinterm Kari her.

ANTOINETTE.

Sag mir das noch, damit mir die Farb ganz aus'm Gsicht geht. *(Steht auf.)* Redt er denn mit ihr?

HUBERTA.

Natürlich redt er mit ihr.

ANTOINETTE.

Immerfort?

HUBERTA.

Sooft ich hingschaut hab.

ANTOINETTE.

O mein Gott, wenn du mir lauter unangenehme Sachen sagst, so werd ich ja so häßlich werden! *(Sie setzt sich wieder.)*

NANNI *(will aufstehen).*

Wenn dir deine drei Freundinnen zuviel sind, so laß uns fort, ich spiel ja auch sehr gern.

ANTOINETTE.

So bleibts doch hier, so gebts mir doch einen Rat, so sagts mir doch, was ich tun soll.

HUBERTA.

Wenn sie ihm vor einer Stunde die Jungfer ins Haus geschickt hat, so kann sie jetzt nicht die Hochmütige spielen.

NANNI.

Umgekehrt sag ich. Sie muß tun, als ob er ihr egal wär. Das weiß ich vom Kartenspielen: wenn man die Karten leichtsinnig in die Hand nimmt, dann kommt's Glück. Man muß sich immer die innere Überlegenheit menagieren.

ANTOINETTE.

Mir is grad zumut, wie wenn ich die Überlegene wär!

HUBERTA.

Du behandelst ihn aber ganz falsch, wenn du dich so aus der Hand gibst.

EDINE.

Wenn sie sich nur eine Direktive geben ließ'! Ich kenn doch den Männern ihren Charakter.

HUBERTA.

Weißt, Edine, die Männer haben recht verschiedene Charaktere.

ANTOINETTE.

Das Gescheiteste wär, ich fahr nach Haus.

NANNI.

Wer wird denn die Karten wegschmeißen, solang er noch eine Chance in der Hand hat.

EDINE.

Wenn sie sich nur ein vernünftiges Wort sagen ließe. Ich hab ja einen solchen Instinkt für solche psychologische Sachen. Es wär ja absolut zu machen, daß die Ehe annulliert wird, sie ist eben unter einem moralischen Zwang gestanden die ganzen Jahre, und dann, wenn sie annulliert ist, so heirat' sie ja der Kari, wenn die Sache halbwegs richtig eingefädelt wird.

HUBERTA *(die nach rechts gesehen hat).*

Pst!

ANTOINETTE *(fährt auf).*

Kommt er? Mein Gott, wie mir die Knie zittern.

HUBERTA.

Die Crescence kommt. Nimm dich zusammen.

ANTOINETTE *(vor sich).*

Lieber Gott, ich kann sie nicht ausstehen, sie mich auch nicht, aber ich will jede Bassesse machen, weil sie ja seine Schwester is.

Vierte Szene

CRESCENCE *(kommt von rechts).*

Grüß euch Gott, was machts ihr denn? Die Toinette schaut ja ganz zerbeutelt aus. Sprechts ihr denn nicht? So viele junge Frauen! Da hätt der Stani halt nicht in den Klub gehen dürfen, wie?

ANTOINETTE *(mühsam).*

Wir unterhalten uns vorläufig ohne Herren sehr gut.

CRESCENCE *(ohne sich zu setzen).*

Was sagts ihr, wie famos die Helen heut ausschaut? Die wird doch als junge Frau eine allure haben, daß überhaupt niemand gegen sie aufkommt!

HUBERTA.

Is die Helen auf einmal so in der Gnad bei dir?

CRESCENCE.

Ihr seids auch herzig. Die Antoinette soll sich ein bißl schonen. Sie schaut ja aus, als ob sie drei Nächt nicht geschlafen hätt. *(Im Gehen.)* Ich muß dem Poldo Altenwyl sagen, wie brillant ich die Helen heut find. *(Ab.)*

Fünfte Szene

ANTOINETTE.

Herr Gott, jetzt hab ichs ja schriftlich, daß der Kari die Helen heiraten will.

EDINE.

Wieso denn?

ANTOINETTE.

Spürts ihrs denn nicht, wie sie für die zukünftige Schwägerin ins Zeug geht?

NANNI.

Aber geh, bring dich nicht um nichts und wieder nichts

hinein in die Verzweiflung. Er wird gleich bei der Tür
hereinkommen.

ANTOINETTE.

Wenn er in so einem Moment hereinkommt, bin ich
ja ganz – *(bringt ihr kleines Tuch vor die Augen)* – verloren. –

HUBERTA.

So gehen wir. Inzwischen beruhigt sie sich.

ANTOINETTE.

Nein, gehts ihr zwei und schauts, ob er wieder mit der
Helen redt, und störts ihn dabei. Ihr habts mich ja oft ge-
nug gestört, wenn ich so gern mit ihm allein gewesen wär.
Und die Edine bleibt bei mir.

(Alle sind aufgestanden, Huberta und Nanni gehen ab.)

Sechste Szene

Antoinette und Edine setzen sich links rückwärts.

EDINE.

Mein liebes Kind, du hast diese ganze Geschichte mit
dem Kari vom ersten Moment falsch angepackt.

ANTOINETTE.

Woher weißt denn du das?

EDINE.

Das weiß ich von der Mademoiselle Feydeau, die hat mir
haarklein alles erzählt, wie du die ganze Situation in der
Grünleiten schon verfahren hast.

ANTOINETTE.

Diese mißgünstige Tratschen, was weiß denn die!

EDINE.

Aber sie kann doch nichts dafür, wenn sie dich hat mit

die nackten Füß über die Stiegen runterlaufen gehört, und gesehen mit offene Haar im Mondschein mit ihm spazierengehen. – Du hast eben die ganze Gschicht von Anfang an viel zu terre à terre angepackt. Die Männer sind ja natürlich sehr terre à terre, aber deswegen muß eben von unserer Seiten etwas Höheres hineingebracht werden. Ein Mann wie der Kari Bühl aber ist sein Leben lang keiner Person begegnet, die ein bißl einen Idealismus in ihn hineingebracht hätte. Und darum ist er selbst nicht imstand, in eine Liebschaft was Höheres hineinzubringen, und so geht das vice versa. Wenn du mich in der ersten Zeit ein bißl um Rat gefragt hättest, wenn du dir hättest ein paar Direktiven geben lassen, ein paar Bücher empfehlen lassen – so wärst du heut seine Frau!

ANTOINETTE.
Geh, ich bitt dich, Edine, agacier mich nicht.

Siebente Szene

HUBERTA *(erscheint in der Tür).*
Also: der Kari kommt. Er sucht dich.

ANTOINETTE.
Jesus Maria!
(Sie sind aufgestanden.)

NANNI *(die rechts hinausgeschaut hat).*
Da kommt die Helen aus dem andern Salon.

ANTOINETTE.
Mein Gott, gerade in dem Moment, auf den alles ankommt, muß sie daherkommen und mir alles verderben. So tuts doch was dagegen. So gehts ihr doch entgegen. So halts sie doch weg, vom Zimmer da!

HUBERTA.

Bewahr doch ein bißl deine Contenance.

NANNI.

Wir gehen einfach unauffällig dort hinüber.

Achte Szene

HELENE *(tritt ein von rechts)*.

Ihr schauts ja aus, als ob ihr gerade von mir gesprochen
hättets.

(Stille.)

Unterhalts ihr euch? Soll ich euch Herren hereinschicken?

ANTOINETTE *(auf sie zu, fast ohne Selbstkontrolle)*.

Wir unterhalten uns famos, und du bist ein Engel, mein
Schatz, daß du dich um uns umschaust. Ich hab dir noch
gar nicht guten Abend gesagt. Du schaust schöner aus als
je. *(Küßt sie.)* Aber laß uns nur und geh wieder.

HELENE.

Stör ich euch? So geh ich halt wieder. *(Geht.)*

Neunte Szene

ANTOINETTE *(streicht sich über die Wange, als wollte sie den
Kuß abstreifen)*.

Was mach ich denn? Was laß ich mich denn von ihr küssen? Von dieser Viper, dieser falschen!

HUBERTA.

So nimm dich ein bißl zusammen.

Zehnte Szene

Hans Karl ist von rechts eingetreten.

ANTOINETTE *(nach einem kurzen Stummsein, Sichducken, rasch auf ihn zu, ganz dicht an ihn).*
Ich hab die Briefe genommen und verbrannt. Ich bin keine sentimentale Gans, als die mich meine Agathe hinstellt, daß ich mich über alte Briefe totweinen könnt. Ich hab einmal nur das, was ich im Moment hab, und was ich nicht hab, will ich vergessen. Ich leb nicht in der Vergangenheit, dazu bin ich nicht alt genug.

HANS KARL.
Wollen wir uns nicht setzen? *(Führt sie zu den Fauteuils.)*

ANTOINETTE.
Ich bin halt nicht schlau. Wenn man nicht raffiniert ist, dann hat man nicht die Kraft, einen Menschen zu halten, wie Sie einer sind. Denn Sie sind ein Genre mit Ihrem Vetter Stani. Das möchte ich Ihnen sagen, damit Sie es wissen. Ich kenn euch. Monstros selbstsüchtig und grenzenlos unzart.
(Nach einer kleinen Pause.)
So sagen Sie doch was!

HANS KARL.
Wenn Sie erlauben würden, so möchte ich versuchen, Sie an damals zu erinnern –

ANTOINETTE.
Ah, ich laß mich nicht malträtieren. – Auch nicht von jemandem, der mir früher einmal nicht gleichgültig war.

HANS KARL.
Sie waren damals, ich meine vor zwei Jahren, Ihrem Mann momentan entfremdet. Sie waren in der großen Gefahr, in die Hände von einem Unwürdigen zu fallen. Da ist jemand gekommen – der war – zufällig ich. Ich

wollte Sie – beruhigen – das war mein einziger Gedanke
– Sie der Gefahr entziehen – von der ich Sie bedroht gewußt – oder gespürt hab. Das war eine Verkettung von
Zufällen – eine Ungeschicklichkeit – ich weiß nicht, wie
ich es nennen soll –

ANTOINETTE.

Diese paar Tage damals in der Grünleiten sind das einzige
wirklich Schöne in meinem ganzen Leben. Die laß ich
nicht – Die Erinnerung daran laß ich mir nicht herunter-
setzen. *(Steht auf.)*

HANS KARL *(leise).*

Aber ich hab ja alles so lieb. Es war ja so schön.

(Antoinette setzt sich, mit einem ängstlichen Blick auf ihn.)

HANS KARL.

Es war ja so schön!

ANTOINETTE.

»Das war zufällig ich.« Damit wollen Sie mich insultieren. Sie sind draußen zynisch geworden. Ein zynischer
Mensch, das ist das richtige Wort. Sie haben die Nuance
verloren für das Mögliche und das Unmögliche. Wie haben Sie gesagt? Es war eine »Ungeschicklichkeit« von
Ihnen? Sie insultieren mich ja in einem fort.

HANS KARL.

Es ist draußen viel für mich anders geworden. Aber zynisch bin ich nicht geworden. Das Gegenteil, Antoinette.
Wenn ich an unsern Anfang denke, so ist mir das etwas so
Zartes, so Mysterioses, ich getraue mich kaum, es vor mir
selbst zu denken. Ich möchte mich fragen: Wie komm ich
denn dazu? Hab ich denn dürfen? Aber *(sehr leise)* ich be-
reu nichts.

ANTOINETTE *(senkt die Augen).*

Aller Anfang ist schön.

HANS KARL.

In jedem Anfang liegt die Ewigkeit.

ANTOINETTE *(ohne ihn anzusehen).*

Sie halten au fond alles für möglich und alles für erlaubt.
Sie wollen nicht sehen, wie hilflos ein Wesen ist, über das
Sie hinweggehen – wie preisgegeben, denn das würde
vielleicht Ihr Gewissen aufwecken.

HANS KARL.

Ich habe keins.

(Antoinette sieht ihn an.)

HANS KARL.

Nicht in bezug auf uns.

ANTOINETTE.

Jetzt war ich das und das von Ihnen – und weiß in diesem
Augenblick so wenig, woran ich mit Ihnen bin, als wenn
nie was zwischen uns gewesen wär. Sie sind ja fürchter-
lich.

HANS KARL.

Nichts ist bös. Der Augenblick ist nicht bös, nur das
Festhalten-Wollen ist unerlaubt. Nur das Sich-Fest-
krampeln an das, was sich nicht halten läßt –

ANTOINETTE.

Ja, wir leben halt nicht nur wie die gewissen Fliegen vom
Morgen bis zur Nacht. Wir sind halt am nächsten Tag
auch noch da. Das paßt euch halt schlecht, solchen wie du
einer bist.

HANS KARL.

Alles was geschieht, das macht der Zufall. Es ist nicht zum
Ausdenken, wie zufällig wir alle sind, und wie uns der
Zufall zueinanderjagt und auseinanderjagt, und wie jeder
mit jedem hausen könnte, wenn der Zufall es wollte.

ANTOINETTE.

Ich will nicht –

HANS KARL *(spricht weiter, ohne ihren Widerstand zu respektie-
ren).*

Darin ist aber so ein Grausen, daß der Mensch etwas hat

finden müssen, um sich aus diesem Sumpf herauszuziehen, bei seinem eigenen Schopf. Und so hat er das Institut gefunden, das aus dem Zufälligen und Unreinen das Notwendige, das Bleibende und das Gültige macht: die Ehe.

ANTOINETTE.

Ich spür, du willst mich verkuppeln mit meinem Mann. Es war nicht ein Augenblick, seitdem du hiersitzt, wo ich mich hätte foppen lassen und es nicht gespürt hätte. Du nimmst dir wirklich alles heraus, du meinst schon, daß du alles darfst, zuerst verführen, dann noch beleidigen.

HANS KARL.

Ich bin kein Verführer, Toinette, ich bin kein Frauenjäger.

ANTOINETTE.

Ja, das ist dein Kunststückl, damit hast du mich herumgekriegt, daß du kein Verführer bist, kein Mann für Frauen, daß du nur ein Freund bist, aber ein wirklicher Freund. Damit kokettierst du, so wie du mit allem kokettierst, was du hast, und mit allem, was dir fehlt. Man müßte, wenns nach dir ging', nicht nur verliebt in dich sein, sondern dich noch liebhaben über die Vernunft hinaus, und um deiner selbst willen, und nicht einmal nur als Mann – sondern – ich weiß ja gar nicht, wie ich sagen soll, o mein Gott, warum muß ein und derselbe Mensch so charmant sein und zugleich so monstros eitel und selbstsüchtig und herzlos!

HANS KARL.

Weiß Sie, Toinette, was Herz ist, weiß Sie das? Daß ein Mann Herz für eine Frau hat, das kann er nur durch eins zeigen, nur durch ein einziges auf der Welt: durch die Dauer, durch die Beständigkeit. Nur dadurch: das ist die Probe, die einzige.

ANTOINETTE.

Laß mich mit dem Ado – ich kann mit dem Ado nicht leben –

HANS KARL.

Der hat dich lieb. Einmal und für alle Male. Der hat dich
gewählt unter allen Frauen auf der Welt, und er hat dich
liebbehalten und wird dich liebhaben für immer, weißt
du, was das heißt? Für immer, gescheh dir, was da will.
Einen Freund haben, der dein ganzes Wesen liebhat, für
den du immer ganz schön bist, nicht nur heut und morgen, auch später, viel später, für den seine Augen den
Schleier, den die Jahre, oder was kommen kann, über dein
Gesicht werfen – für seine Augen ist das nicht da, du bist
immer die du bist, die Schönste, die Liebste, die Eine, die
Einzige.

ANTOINETTE.

So hat er mich nicht gewählt. Geheiratet hat er mich halt.
Von dem andern weiß ich nichts.

HANS KARL.

Aber er weiß davon.

ANTOINETTE.

Das, was Sie da reden, das gibts alles nicht. Das redet er
sich ein – das redet er Ihnen ein – Ihr seids einer wie der
andere, ihr Männer, Sie und der Ado und der Stani, ihr
seids alle aus einem Holz geschnitzt, und darum verstehts
ihr euch so gut und könnts euch so gut in die Hände spielen.

HANS KARL.

Das redt er mir nicht ein, das weiß ich, Toinette. Das ist
eine heilige Wahrheit, die weiß ich – ich muß sie immer
schon gewußt haben, aber draußen ist sie erst ganz deutlich für mich geworden: es gibt einen Zufall, der macht
scheinbar alles mit uns, wie er will – aber mitten in dem
Hierhin- und Dorthingeworfenwerden und der Stumpf-
heit und Todesangst, da spüren wir und wissen es auch, es
gibt halt auch eine Notwendigkeit, die wählt uns von Augenblick zu Augenblick, die geht ganz leise, ganz dicht

am Herzen vorbei und doch so schneidend scharf wie ein
Schwert. Ohne die wäre da draußen kein Leben mehr gewesen, sondern nur ein tierisches Dahintaumeln. Und die
gleiche Notwendigkeit gibts halt auch zwischen Männern
und Frauen – wo die ist, da ist ein Zueinandermüssen
und Verzeihung und Versöhnung und Beieinanderbleiben. Und da dürfen Kinder sein, und da ist eine Ehe und
ein Heiligtum, trotz allem und allem –

ANTOINETTE *(steht auf).*

Alles was du redst, das heißt ja gar nichts anderes, als daß
du heiraten willst, daß du demnächst die Helen heiraten
wirst.

HANS KARL *(bleibt sitzen, hält sie).*

Aber ich denk doch nicht an die Helen! Ich red doch von
dir. Ich schwör dir, daß ich von dir red.

ANTOINETTE.

Aber dein ganzes Denken dreht sich um die Helen.

HANS KARL.

Ich schwöre dir: ich hab einen Auftrag an die Helen.
Ganz einen andern als du dir denkst. Ich sag ihr noch
heute –

ANTOINETTE.

Was sagst du ihr noch heute – ein Geheimnis?

HANS KARL.

Keines, das mich betrifft.

ANTOINETTE.

Aber etwas, das dich mit ihr verbindet?

HANS KARL.

Aber das Gegenteil!

ANTOINETTE.

Das Gegenteil? Ein Adieu – du sagst ihr, was ein Adieu
ist zwischen dir und ihr?

HANS KARL.

Zu einem Adieu ist kein Anlaß, denn es war ja nie etwas

zwischen mir und ihr. Aber wenns Ihr Freud macht, Toinette, so kommts beinah auf ein Adieu hinaus.

ANTOINETTE.

Ein Adieu fürs Leben?

HANS KARL.

Ja, fürs Leben, Toinette.

ANTOINETTE *(sieht ihn ganz an).*

Fürs Leben? *(Nachdenklich.)* Ja, sie ist so eine Heimliche und tut nichts zweimal und redt nichts zweimal. Sie nimmt nichts zurück – sie hat sich in der Hand: ein Wort muß für sie entscheidend sein. Wenn du ihr sagst: Adieu – dann wirds für sie sein Adieu und auf immer. Für sie wohl. *(Nach einer kleinen Pause.)* Ich laß mir von dir den Ado nicht einreden. Ich mag seine Händ nicht. Sein Gesicht nicht. Seine Ohren nicht. *(Sehr leise.)* Deine Hände hab ich lieb. – Was bist denn du? Ja, wer bist denn du? Du bist ein Zyniker, ein Egoist, ein Teufel bist du! Mich sitzenlassen ist dir zu gewöhnlich. Mich behalten, dazu bist du zu herzlos. Mich hergeben, dazu bist du zu raffiniert. So willst du mich zugleich loswerden und doch in deiner Macht haben, und dazu ist dir der Ado der Richtige. – Geh hin und heirat die Helen. Heirat, wenn du willst! Ich hab mit deiner Verliebtheit vielleicht was anzufangen, mit deinen guten Ratschlägen aber gar nix.

(Will gehen.

Hans Karl tut einen Schritt auf sie zu.)

ANTOINETTE.

Laß Er mich gehen. *(Sie geht ein paar Schritte, dann halb zu ihm gewendet.)* Was soll denn jetzt aus mir werden? Red Er mir nur den Feri Uhlfeldt aus, der hat so viel Kraft, wenn er was will. Ich hab gesagt, ich mag ihn nicht, er hat gesagt, ich kann nicht wissen, wie er als Freund ist, weil ich ihn noch nicht als Freund gehabt hab. Solche Reden

verwirren einen so. *(Halb unter Tränen, zart.)* Jetzt wird
Er an allem schuld sein, was mir passiert.

HANS KARL.

Sie braucht eins in der Welt: einen Freund. Einen guten
Freund. *(Er küßt ihr die Hände.)* Sei Sie gut mit dem Ado.

ANTOINETTE.

Mit dem kann ich nicht gut sein.

HANS KARL.

Sie kann mit jedem.

ANTOINETTE *(sanft)*.

Kari, insultier Er mich doch nicht.

HANS KARL.

Versteh Sie doch, wie ichs meine.

ANTOINETTE.

Ich versteh Ihn ja sonst immer gut.

HANS KARL.

Könnt Sies nicht versuchen?

ANTOINETTE.

Ihm zulieb könnt ichs versuchen. Aber Er müßt dabei
sein und mir helfen.

HANS KARL.

Jetzt hat Sie mir ein halbes Versprechen gegeben.

Elfte Szene

*Der berühmte Mann ist von rechts eingetreten, sucht sich
Hans Karl zu nähern, die beiden bemerken ihn nicht.*

ANTOINETTE.

Er hat mir was versprochen.

HANS KARL.

Für die erste Zeit.

ANTOINETTE *(dicht bei ihm).*

Mich liebhaben!

DER BERÜHMTE MANN.

Pardon, ich störe wohl. *(Schnell ab.)*

HANS KARL *(dicht bei ihr).*

Das tu ich ja.

ANTOINETTE.

Sag Er mir sehr was Liebes: nur für den Moment. Der Moment ist ja alles. Ich kann nur im Moment leben. Ich hab so ein schlechtes Gedächtnis.

HANS KARL.

Ich bin nicht verliebt in Sie, aber ich hab Sie lieb.

ANTOINETTE.

Und das, was Er der Helen sagen wird, ist ein Adieu?

HANS KARL.

Ein Adieu.

ANTOINETTE.

So verhandelt Er mich, so verkauft Er mich!

HANS KARL.

Aber Sie war mir doch noch nie so nahe.

ANTOINETTE.

Er wird oft zu mir kommen, mir zureden? Er kann mir ja alles einreden.

(Hans Karl küßt sie auf die Stirn, fast ohne es zu wissen.)

ANTOINETTE.

Dank schön. *(Läuft weg durch die Mitte.)*

HANS KARL *(steht verwirrt, sammelt sich).*

Arme, kleine Antoinette.

Zwölfte Szene

CRESCENCE *(kommt durch die Mitte, sehr rasch).*

Also brillant hast du das gemacht. Das ist ja erste Klasse, wie du so was deichselst.

HANS KARL.

Wie? Aber du weißt doch gar nicht.

CRESCENCE.

Was brauch ich noch zu wissen. Ich weiß alles. Die Antoinette hat die Augen voller Tränen, sie stürzt an mir vorbei, sowie sie merkt, daß ichs bin, fällt sie mir um den Hals und ist wieder dahin wie der Wind, das sagt mir doch alles. Du hast ihr ins Gewissen geredet, du hast ihr besseres Selbst aufgeweckt, du hast ihr klargemacht, daß sie sich auf den Stani keine Hoffnungen mehr machen darf, und du hast ihr den einzigen Ausweg aus der verfahrenen Situation gezeigt, daß sie zu ihrem Mann zurück soll und trachten soll, ein anständiges, ruhiges Leben zu führen.

HANS KARL.

Ja, so ungefähr. Aber es hat sich im Detail nicht so abgespielt. Ich hab nicht deine zielbewußte Art. Ich komm leicht von meiner Linie ab, das muß ich schon gestehen.

CRESCENCE.

Aber das ist doch ganz egal. Wenn du in so einem Tempo ein so brillantes Resultat erzielst, jetzt, wo du in dem Tempo drin bist, kann ich gar nicht erwarten, daß du die zwei Konversationen mit der Helen und mit dem Poldo Altenwyl absolvierst. Ich bitt dich, geh sie nur an, ich halt dir die Daumen, denk doch nur, daß dem Stani sein Lebensglück von deiner Suada abhängt.

HANS KARL.

Sei außer Sorg, Crescence, ich hab jetzt grad während dem Reden mit der Antoinette Hechingen so die Hauptlinien gesehen für meine Konversation mit der Helen. Ich bin ganz in der Stimmung. Weißt du, das ist ja meine Schwäche, daß ich so selten das Definitive vor mir sehe: aber diesmal seh ichs.

CRESCENCE.

Siehst du, das ist das Gute, wenn man ein Programm hat. Da kommt ein Zusammenhang in die ganze Geschichte. Also komm nur: wir suchen zusammen die Helen, sie muß ja in einem von den Salons sein, und sowie wir sie finden, laß ich dich allein mit ihr. Und sobald wir ein Resultat haben, stürz ich ans Telephon und depeschier den Stani hierher.

Dreizehnte Szene

Crescence und Hans Karl gehen links hinaus. Helene mit Neuhoff treten von rechts herein. Man hört eine gedämpfte Musik aus einem entfernten Salon.

NEUHOFF *(hinter ihr)*. Bleiben Sie stehen. Diese nichtsnutzige, leere, süße Musik und dieses Halbdunkel modellieren Sie wunderbar.

HELENE *(ist stehengeblieben, geht aber jetzt weiter auf die Fauteuils links zu)*.

Ich stehe nicht gern Modell, Baron Neuhoff.

NEUHOFF.

Auch nicht, wenn ich die Augen schließe?

(Helene sagt nichts, sie steht links.)

NEUHOFF.

Ihr Wesen, Helene! Wie niemand je war, sind Sie. Ihre Einfachheit ist das Resultat einer ungeheuren Anspannung. Regungslos wie eine Statue vibrieren Sie in sich, niemand ahnt es, der es aber ahnt, der vibriert mit Ihnen.

(Helene sieht ihn an, setzt sich.)

NEUHOFF *(nicht ganz nahe).*

Wundervoll ist alles an Ihnen. Und dabei, wie alles Hohe, fast erschreckend selbstverständlich.

HELENE.

Ist Ihnen das Hohe selbstverständlich? Das war ein nobler Gedanke.

NEUHOFF.

Vielleicht könnte man seine Frau werden – das war es, was Ihre Lippen sagen wollten, Helene!

HELENE.

Lesen Sie von den Lippen wie die Taubstummen?

NEUHOFF *(einen Schritt näher).*

Sie werden mich heiraten, weil Sie meinen Willen spüren in einer willenlosen Welt.

HELENE *(vor sich).*

Muß man? Ist es ein Gebot, dem eine Frau sich fügen muß: wenn sie gewählt und gewollt wird?

NEUHOFF.

Es gibt Wünsche, die nicht weither sind. Die darf man unter seine schönen rassigen Füße treten. Der meine ist weither. Er ist gewandert um die halbe Welt. Hier fand er sein Ziel. Sie wurden gefunden, Helene Altenwyl, vom stärksten Willen auf dem weitesten Umweg, in der kraftlosesten aller Welten.

HELENE.

Ich bin aus ihr und bin nicht kraftlos.

NEUHOFF.

Ihr habt dem schönen Schein alles geopfert, auch die Kraft. Wir, dort in unserm nordischen Winkel, wo uns die Jahrhunderte vergessen, wir haben die Kraft behalten. So stehen wir gleich zu gleich und doch ungleich zu ungleich, und aus dieser Ungleichheit ist mir mein Recht über Sie erwachsen.

HELENE.

Ihr Recht?

NEUHOFF.

Das Recht des geistig Stärksten über die Frau, die er zu vergeistigen vermag.

HELENE.

Ich mag nicht diese mystischen Redensarten.

NEUHOFF.

Es waltet etwas Mystik zwischen zwei Menschen, die sich auf den ersten Blick erkannt haben. Ihr Stolz soll es nicht verneinen.

HELENE. *(Sie ist aufgestanden.)*

Er verneint es immer wieder.

NEUHOFF.

Helene, bei Ihnen wäre meine Rettung – meine Zusammenfassung, meine Ermöglichung!

HELENE.

Ich will von niemand wissen, der sein Leben unter solche Bedingungen stellt! *(Sie tut ein paar Schritte an ihm vorbei; ihr Blick haftet an der offenen Tür rechts, wo sie eingetreten ist.)*

NEUHOFF.

Wie Ihr Gesicht sich verändert! Was ist das, Helene? *(Helene schweigt, sieht nach rechts.)*

NEUHOFF *(ist hinter sie getreten, folgt ihrem Blick).*

Oh! Graf Bühl erscheint auf der Bildfläche. *(Er tritt zurück von der Tür.)* Sie fühlen magnetisch seine Nähe – ja spüren Sie denn nicht, unbegreifliches Geschöpf, daß Sie für ihn nicht da sind?

HELENE.

Ich bin schon da für ihn, irgendwie bin ich schon da!

NEUHOFF.

Verschwenderin! Sie leihen ihm alles, auch noch die Kraft, mit der er Sie hält.

HELENE.

Die Kraft, mit der ein Mensch einen hält – die hat ihm wohl Gott gegeben.

NEUHOFF.

Ich staune. Womit übt ein Kari Bühl diese Faszination über Sie? Ohne Verdienst, sogar ohne Bemühung, ohne Willen, ohne Würde –

HELENE.

Ohne Würde!

NEUHOFF.

Der schlaffe zweideutige Mensch hat keine Würde.

HELENE.

Was für Worte gebrauchen Sie da?

NEUHOFF.

Mein nördlicher Jargon klingt etwas scharf in Ihre schöngeformten Ohren. Aber ich vertrete seine Schärfe. Zweideutig nenne ich den Mann, der sich halb verschenkt und sich halb zurückbehält – der Reserven in allem und jedem hält – in allem und jedem Berechnungen –

HELENE.

Berechnung und Kari Bühl! Ja, sehen Sie ihn denn wirklich so wenig! Freilich ist es unmöglich, sein letztes Wort zu finden, das bei andern so leicht zu finden ist. Die Ungeschicklichkeit, die ihn so liebenswürdig macht, der timide Hochmut, seine Herablassung, freilich ist alles ein Versteckenspiel, freilich läßt er sich mit plumpen Händen nicht fassen. – Die Eitelkeit erstarrt ihn ja nicht, durch die alle andern steif und hölzern werden – die Vernunft erniedrigt ihn ja nicht, die aus den meisten so etwas Gewöhnliches macht – er gehört nur sich selber – niemand kennt ihn, da ist es kein Wunder, daß Sie ihn nicht kennen!

NEUHOFF.

So habe ich Sie nie zuvor gesehen, Helene. Ich genieße

diesen unvergleichlichen Augenblick! Einmal sehe ich Sie, wie Gott Sie geschaffen hat, Leib und Seele. Ein Schauspiel für Götter. Pfui über die Weichheit bei Männern wie bei Frauen! Aber Strenge, die weich wird, ist herrlich über alles!

(Helene schweigt.)

NEUHOFF.

Gestehen Sie mir zu, es zeugt von etwas Superiorität, wenn ein Mann es an einer Frau genießen kann, wie sie einen andern bewundert. Aber ich vermag es: denn ich bagatellisiere Ihre Bewunderung für Kari Bühl.

HELENE.

Sie verwechseln die Nuancen. Sie sind aigriert, wo es nicht am Platz ist.

NEUHOFF.

Über was ich hinweggehe, das aigriert mich nicht.

HELENE.

Sie kennen ihn nicht! Sie haben ihn kaum gesprochen.

NEUHOFF.

Ich habe ihn besucht –

(Helene sieht ihn an.)

NEUHOFF.

Es ist nicht zu sagen, wie dieser Mensch Sie preisgibt – Sie bedeuten ihm nichts. Sie sind es, über die er hinweggeht.

HELENE *(ruhig).*

Nein.

NEUHOFF.

Es war ein Zweikampf zwischen mir und ihm, ein Zweikampf um Sie – und ich bin nicht unterlegen.

HELENE.

Nein, es war kein Zweikampf. Es verdient keinen so heroischen Namen. Sie sind hingegangen, um dasselbe zu tun, was ich in diesem Augenblick tu! *(Lacht.)* Ich gebe

mir alle Mühe, den Grafen Bühl zu sehen, ohne daß er
mich sieht. Aber ich tue es ohne Hintergedanken.

NEUHOFF.

Helene!

HELENE.

Ich denke nicht, dabei etwas wegzutragen, das mir nützen könnte!

NEUHOFF.

Sie treten mich ja in den Staub, Helene – und ich lasse
mich treten!

(Helene schweigt.)

NEUHOFF.

Und nichts bringt mich näher?

HELENE.

Nichts. *(Sie geht einen Schritt auf die Tür rechts zu.)*

NEUHOFF.

Alles an Ihnen ist schön, Helene. Wenn Sie sich nieder-
setzen, ist es, als ob Sie ausruhen müßten von einem großen Schmerz – und wenn Sie quer durchs Zimmer gehen,
ist es, als ob Sie einer ewigen Entscheidung entgegen-
gingen.

(Hans Karl ist in der Tür rechts erschienen.
Helene gibt Neuhoff keine Antwort. Sie geht lautlos langsam
auf die Tür rechts zu.
Neuhoff geht schnell links hinaus.)

Vierzehnte Szene

HANS KARL.

Ja, ich habe mit Ihnen zu reden.

HELENE.

Ist es etwas sehr Ernstes?

HANS KARL.

Es kommt vor, daß es einem zugemutet wird. Durchs Reden kommt ja alles auf der Welt zustande. Allerdings, es ist ein bißl lächerlich, wenn man sich einbildet, durch wohlgesetzte Wörter eine weiß Gott wie große Wirkung auszüüben, in einem Leben, wo doch schließlich alles auf das Letzte, Unaussprechliche ankommt. Das Reden basiert auf einer indezenten Selbstüberschätzung.

HELENE.

Wenn alle Menschen wüßten, wie unwichtig sie sind, würde keiner den Mund aufmachen.

HANS KARL.

Sie haben einen so klaren Verstand, Helene. Sie wissen immer in jedem Moment so sehr, worauf es ankommt.

HELENE.

Weiß ich das?

HANS KARL.

Man versteht sich mit Ihnen ausgezeichnet. Da muß man sehr achtgeben.

HELENE *(sieht ihn an)*.

Da muß man achtgeben?

HANS KARL.

Freilich. Sympathie ist ganz gut, aber auf ihr herumzureiten, wäre doch namenlos indiskret. Darum muß man doch gerade auf der Hut sein, wenn man das Gefühl hat, sich sehr gut zu verstehen.

HELENE.

Das müssen Sie tun, natürlich. So ist Ihre Natur. Wer sich einfallen ließe, Sie fixieren zu wollen, wäre schon verloren. Aber wer glaubt, daß Sie ihm für immer adieu gesagt haben, dem könnte passieren, daß Sie ihm wieder guten Tag sagen. – Heut hat die Antoinette wieder Charme für Sie gehabt.

HANS KARL.

Sie bemerken alles!

HELENE.

Sie verbrauchen auf Ihre Art die armen Frauen, aber Sie haben sie gar nicht sehr lieb. Es gehört viel Contenance dazu oder ein bißl Gewöhnlichkeit, um Ihre Freundin zu bleiben.

HANS KARL.

Wenn Sie mich so sehen, dann bin ich Ihnen ja direkt unsympathisch!

HELENE.

Gar nicht. Sie sind charmant. Sie sind bei all dem wie ein Kind.

HANS KARL.

Wie ein Kind? Und dabei bin ich nahezu ein alter Mensch. Das ist doch ein horreur. Mit neununddreißig Jahren nicht wissen, woran man mit sich selber ist, das ist doch eine Schand.

HELENE.

Ich brauchte nie nachzudenken, woran ich mit mir selber bin. Bei mir ist wirklich gar nichts los, es ist nichts da als ein anständiges, ruhiges Benehmen.

HANS KARL.

Sie haben so eine reizende Art!

HELENE.

Ich möchte nicht sentimental sein, das langweilt mich. Ich möchte lieber terre à terre sein, wie Gott weiß wer, als sentimental. Ich möchte auch nicht spleenig sein, und ich möchte nicht kokett sein. So bleibt mir nichts übrig, als möglichst artig zu sein.

(Hans Karl schweigt.)

HELENE.

Au fond können wir Frauen tun, was wir wollen, meinetwegen Solfèges singen oder politisieren, wir meinen immer noch was andres damit. – Solfèges singen ist indiskreter, Artigsein ist diskreter, es drückt die bestimmte

Absicht aus, keine Indiskretionen zu begehen. Weder gegen sich, noch gegen einen andern.

HANS KARL.

Alles an Ihnen ist besonders und schön. Ihnen kann ja gar nichts geschehen. Heiraten Sie wen immer, heiraten Sie den Neuhoff, nein, den Neuhoff, wenn sichs vermeiden läßt, lieber nicht, aber den ersten besten frischen Menschen, einen Menschen wie meinen Neffen Stani, ja wirklich, Helene, heiraten Sie den Stani, er möchte so gern, und Ihnen kann ja gar nichts passieren. Sie sind ja unzerstörbar, das steht ja deutlich in Ihrem Gesicht geschrieben. Ich bin immer fasziniert von einem wirklich schönen Gesicht – aber das Ihre –

HELENE.

Ich möchte nicht, daß Sie so mit mir reden, Graf Bühl.

HANS KARL.

Aber nein, an Ihnen ist ja nicht die Schönheit das Entscheidende, sondern etwas ganz anderes: in Ihnen liegt das Notwendige. Sie können mich natürlich nicht verstehen, ich versteh mich selbst viel schlechter, wenn ich red, als wenn ich still bin. Ich kann gar nicht versuchen, Ihnen das zu explizieren, es ist halt etwas, was ich draußen begreifen gelernt habe: daß in den Gesichtern der Menschen etwas geschrieben steht. Sehen Sie, auch in einem Gesicht wie dem von der Antoinette kann ich lesen –

HELENE *(mit einem flüchtigen Lächeln).*

Aber davon bin ich überzeugt.

HANS KARL *(ernst).*

Ja, es ist ein charmantes, liebes Gesicht, aber es steht immer ein und derselbe stumme Vorwurf in ihm eingegraben: Warum habts ihr mich alle dem fürchterlichen Zufall überlassen? Und das gibt ihrer kleinen Maske etwas so Hilfloses, Verzweifeltes, daß man Angst um sie haben könnte.

HELENE.

Aber die Antoinette ist doch da. Sie existiert doch so
ganz für den Moment. So müssen doch Frauen sein, der
Moment ist ja alles. Was soll denn die Welt mit einer
Person anfangen, wie ich bin? Für mich ist ja der Moment gar nicht da, ich stehe da und sehe die Lampen
dort brennen, und in mir sehe ich sie schon ausgelöscht.
Und ich spreche mit Ihnen, wir sind ganz allein in einem
Zimmer, aber in mir ist das jetzt schon vorbei: wie wenn
irgendein gleichgültiger Mensch hereingekommen wäre
und uns gestört hätte, die Huberta oder der Theophil
Neuhoff oder wer immer, und das schon vorüber wäre, daß ich mit Ihnen allein dagesessen bin, bei dieser
Musik, die zu allem auf der Welt besser paßt, als zu
uns beiden – und Sie schon wieder irgendwo dort zwischen den Leuten. Und ich auch irgendwo zwischen den
Leuten.

HANS KARL *(leise)*.

Jeder muß glücklich sein, der mit Ihnen leben darf, und
muß Gott danken bis an sein Lebensende, Helen, bis an
sein Lebensende, seis wers sei. Nehmen Sie nicht den
Neuhoff, Helen, – eher einen Menschen wie den Stani,
oder auch nicht den Stani, einen ganz andern, der ein braver, nobler Mensch ist – und ein Mann: das ist alles, was
ich nicht bin. *(Er steht auf.)*

HELENE *(steht auch auf, sie spürt, daß er gehen will)*.

Sie sagen mir ja adieu!

(Hans Karl gibt keine Antwort.)

HELENE.

Auch das hab ich voraus gewußt. Daß einmal ein Moment kommen wird, wo Sie mir so plötzlich adieu sagen
werden und ein Ende machen – wo gar nichts war. Aber
denen, wo wirklich was war, denen können Sie nie adieu
sagen.

HANS KARL.

Helen, es sind gewisse Gründe.

HELENE.

Ich glaube, ich habe alles in der Welt, was sich auf uns
zwei bezieht, schon einmal gedacht. So sind wir schon
einmal gestanden, so hat eine fade Musik gespielt, und so
haben Sie mir adieu gesagt, einmal für allemal.

HANS KARL.

Es ist nicht nur so aus diesem Augenblick heraus, Helen,
daß ich Ihnen adieu sage. O nein, das dürfen Sie nicht
glauben. Denn daß man jemandem adieu sagen muß, dahinter versteckt sich ja was.

HELENE.

Was denn?

HANS KARL.

Da muß man ja sehr zu jemandem gehören und doch
nicht ganz zu ihm gehören dürfen.

HELENE *(zuckt).*

Was wollen Sie damit sagen?

HANS KARL.

Da draußen, da war manchmal was – mein Gott, ja, wer
konnte denn das erzählen!

HELENE.

Ja, mir. Jetzt.

HANS KARL.

Da waren solche Stunden, gegen Abend oder in der
Nacht, der frühe Morgen mit dem Morgenstern – Helen,
Sie waren da sehr nahe von mir. Dann war dieses Ver-
schüttetwerden, Sie haben davon gehört –

HELENE.

Ja, ich hab davon gehört –

HANS KARL.

Das war nur ein Moment, dreißig Sekunden sollen es gewesen sein, aber nach innen hat das ein anderes Maß. Für

mich wars eine ganze Lebenszeit, die ich gelebt hab, und in diesem Stück Leben, da waren Sie meine Frau. Ist das nicht spaßig?

HELENE.

Da war ich Ihre Frau?

HANS KARL.

Nicht meine zukünftige Frau. Das ist das Sonderbare. Meine Frau ganz einfach. Als ein fait accompli. Das Ganze hat eher etwas Vergangenes gehabt als etwas Zukünftiges.

(Helene schweigt.)

HANS KARL.

Mein Gott, ich bin eben nicht möglich, das sag ich ja der Crescence! Jetzt sitz ich da neben Ihnen in einer Soiree und verlier mich in Geschichten, wie der alte Millesimo, Gott hab ihn selig, den schließlich die Leut allein sitzen haben lassen, mit seinen Anekdoten ohne Pointe, und der das gar nicht bemerkt hat und mutterseelenallein weitererzählt hat.

HELENE.

Aber ich laß Sie gar nicht sitzen, ich hör zu, Graf Kari. Sie haben mir etwas sagen wollen, war es das?

HANS KARL.

Nämlich: das war eine sehr subtile Lektion, die mir da eine höhere Macht erteilt hat. Ich werd Ihnen sagen, Helen, was die Lektion bedeutet hat.

(Helene hat sich gesetzt, er setzt sich auch, die Musik hat aufgehört.)

HANS KARL.

Es hat mir in einem ausgewählten Augenblick ganz eingeprägt werden sollen, wie das Glück ausschaut, das ich mir verscherzt habe. Wodurch ich mirs verscherzt habe, das wissen Sie ja so gut wie ich.

HELENE.

Das weiß ich so gut wie Sie?

HANS KARL.

Indem ich halt, solange noch Zeit war, nicht erkannt
habe, worin das Einzige liegen könnte, worauf es ankäm.
Und daß ich das nicht erkannt habe, das war eben die
Schwäche meiner Natur. Und so habe ich diese Prüfung
nicht bestanden. Später im Feldspital, in den vielen ruhigen Tagen und Nächten hab ich das alles mit einer unbe-
schreiblichen Klarheit und Reinheit erkennen können.

HELENE.

War es das, was Sie mir haben sagen wollen, genau das?

HANS KARL.

Die Genesung ist so ein merkwürdiger Zustand. Darin ist
mir die ganze Welt wiedergekommen, wie etwas Reines,
Neues und dabei so Selbstverständliches. Ich hab da auf
einmal ausdenken können, was das ist: ein Mensch. Und
wie das sein muß: zwei Menschen, die ihr Leben aufeinanderlegen und werden wie ein Mensch. Ich habe – in
der Ahnung wenigstens – mir vorstellen können – was da
dazu gehört, wie heilig das ist und wie wunderbar. Und
sonderbarerweise, es war nicht meine Ehe, die ganz unge-
rufen die Mitte von diesem Denken war – obwohl es ja
leicht möglich ist, daß ich noch einmal heirat –, sondern
es war Ihre Ehe.

HELENE.

Meine Ehe! Meine Ehe – mit wem denn?

HANS KARL.

Das weiß ich nicht. Aber ich hab mir das in einer ganz
genauen Weise vorstellen können, wie das alles sein wird,
und wie es sich abspielen wird, mit ganz wenigen Leuten
und ganz heilig und feierlich, und wie alles so sein wird,
wie sichs gehört zu Ihren Augen und zu Ihrer Stirn und
zu Ihren Lippen, die nichts Überflüssiges reden können,
und zu Ihren Händen, die nichts Unwürdiges besiegeln
können – und sogar das Ja-Wort hab ich gehört, ganz

klar und rein, von Ihrer klaren, reinen Stimme – ganz
von weitem, denn ich war doch natürlich nicht dabei,
ich war doch nicht dabei! – Wie käm ich als ein Außenste-
hender zu der Zeremonie – Aber es hat mich gefreut,
Ihnen einmal zu sagen, wie ichs Ihnen mein. – Und
das kann man natürlich nur in einem besonderen Moment; wie der jetzige, sozusagen in einem definitiven
Moment –

(Helene ist dem Umsinken nah, beherrscht sich aber.)

HANS KARL *(Tränen in den Augen).*

Mein Gott, jetzt hab ich Sie ganz bouleversiert, das liegt
an meiner unmöglichen Art, ich attendrier mich sofort,
wenn ich von was sprech oder hör, was nicht aufs Aller-
banalste hinausgeht – es sind die Nerven seit der Geschichte, aber das steckt sensible Menschen wie Sie natürlich an – ich gehör eben nicht unter Menschen – das sag
ich ja der Crescence – ich bitt Sie tausendmal um Verzeihung, vergessen Sie alles, was ich da Konfuses zusam-
mengeredt hab – es kommen ja in so einem Abschieds-
moment tausend Erinnerungen durcheinander – *(hastig,
weil er fühlt, daß sie nicht mehr allein sind)* – aber wer sich
beisammen hat, der vermeidet natürlich, sie auszukramen
– Adieu, Helen, Adieu.

(Der berühmte Mann ist von rechts eingetreten.)

HELENE *(kaum ihrer selbst mächtig).*

Adieu!

*(Sie wollen sich die Hände geben, keine Hand findet die an-
dere.*

*Hans Karl will fort nach rechts. Der berühmte Mann tritt auf
ihn zu. Hans Karl sieht sich nach links um.*

Crescence tritt von links ein.)

DER BERÜHMTE MANN.

Es war seit langem mein lebhafter Wunsch, Euer Erlaucht –

HANS KARL *(eilt fort nach rechts).*

Pardon, mein Herr!

(An ihm vorbei.

Crescence tritt zu Helene, die totenblaß dasteht.

Der berühmte Mann ist verlegen abgegangen.

Hans Karl erscheint nochmals in der Tür rechts, sieht herein,
wie unschlüssig, und verschwindet gleich wieder, wie er Cres-
cence bei Helene sieht.)

HELENE *(zu Crescence, fast ohne Besinnung).*

Du bists, Crescence? Er ist ja noch einmal hereingekommen. Hat er noch etwas gesagt?

(Sie taumelt, Crescence hält sie.)

CRESCENCE.

Aber ich bin ja so glücklich. Deine Ergriffenheit macht
mich ja so glücklich!

HELENE.

Pardon, Crescence, sei mir nicht bös! *(Macht sich los und
läuft weg nach links.)*

CRESCENCE.

Ihr habts euch eben beide viel lieber, als ihr wißts, der
Stani und du! *(Sie wischt sich die Augen.)*

Der Vorhang fällt.

Dritter Akt

Vorsaal im Altenwylschen Haus. Rechts der Ausgang in die Einfahrt. Treppe in der Mitte. Hinaufführend zu einer Galerie, von der links und rechts je eine Flügeltür in die eigentlichen Gemächer führt. Unten neben der Treppe niedrige Divans oder Bänke.

Erste Szene

(valet)

KAMMERDIENER *(steht beim Ausgang rechts. Andere Diener stehen außerhalb, sind durch die Glasscheiben des Windfangs sichtbar. Kammerdiener ruft den andern Dienern zu).*

Herr Hofrat Professor Brücke!

(Der berühmte Mann kommt die Treppe herunter.
Diener kommt von rechts mit dem Pelz, in dem innen zwei Cachenez hängen, mit Überschuhen.)

KAMMERDIENER *(während dem berühmten Mann in die Überkleider geholfen wird).*

Befehlen Herr Hofrat ein Auto?

DER BERÜHMTE MANN.

Ich danke. Ist Seine Erlaucht, der Graf Bühl nicht soeben vor mir gewesen?

KAMMERDIENER.

Soeben im Augenblick.

DER BERÜHMTE MANN.

Ist er fortgefahren?

KAMMERDIENER.

Nein, Erlaucht hat sein Auto weggeschickt, er hat zwei Herren vorfahren sehen und ist hinter die Portiersloge getreten und hat sie vorbeigelassen. Jetzt muß er gerade aus dem Haus sein.

DER BERÜHMTE MANN *(beeilt sich).*

Ich werde ihn einholen.

(Er geht, man sieht zugleich draußen Stani und Hechingen eintreten.)

Zweite Szene

Stani und Hechingen treten ein, hinter jedem ein Diener,
der ihm Überrock und Hut abnimmt.

STANI *(grüßt im Vorbeigehen den berühmten Mann).*

Guten Abend Wenzel, meine Mutter ist da?

KAMMERDIENER.

Sehr wohl, Frau Gräfin sind beim Spiel.

(Tritt ab, ebenso wie die andern Diener.
Stani will hinaufgehen, Hechingen steht seitlich an einem
Spiegel, sichtlich nervös.
Ein anderer Altenwylscher Diener kommt die Treppe herab.)

STANI *(hält den Diener auf).*

Sie kennen mich?

DIENER.

Sehr wohl, Herr Graf.

STANI.

Gehen Sie durch die Salons und suchen Sie den Grafen
Bühl, bis Sie ihn finden. Dann nähern Sie sich ihm unauffällig und melden ihm, ich lasse ihn bitten auf ein Wort,
entweder im Eckzimmer der Bildergalerie oder im chine-
sischen Rauchzimmer. Verstanden? Also was werden Sie
sagen?

DIENER.

Ich werde melden, Herr Graf Freudenberg wünschen mit
Seiner Erlaucht privat ein Wort zu sprechen, entweder im
Ecksalon –

STANI.

Gut.

(Diener geht.)

HECHINGEN.

Pst, Diener!

(Diener hört ihn nicht, geht oben hinein.
Stani hat sich gesetzt.
Hechingen sieht ihn an.)

STANI.

Wenn du vielleicht ohne mich eintreten würdest? Ich
habe eine Post hinaufgeschickt, ich warte hier einen Moment, bis er mir die Antwort bringt.

HECHINGEN.

Ich leiste dir Gesellschaft.

STANI.

Nein, ich bitte sehr, daß du dich durch mich nicht aufhal-
ten läßt. Du warst ja sehr pressiert, herzukommen –

HECHINGEN.

Mein lieber Stani, du siehst mich in einer ganz besonderen Situation vor dir. Wenn ich jetzt die Schwelle dieses Salons überschreite, so entscheidet sich mein Schicksal.

STANI *(enerviert über Hechingens nervöses Aufundabgehen).*

Möchtest du nicht vielleicht Platz nehmen? Ich wart nur
auf den Diener, wie gesagt.

HECHINGEN.

Ich kann mich nicht setzen, ich bin zu agitiert.

STANI.

Du hast vielleicht ein bissel schnell den Schampus hinun-
tergetrunken.

HECHINGEN.

Auf die Gefahr hin, dich zu langweilen, mein lieber Stani,
muß ich dir gestehen, daß für mich in dieser Stunde außerordentlich Großes auf dem Spiel steht.

STANI *(während Hechingen sich wieder nervös zerstreut von ihm entfernt).*

Aber es steht ja öfter irgend etwas Serioses auf dem Spiel.
Es kommt nur darauf an, sich nichts merken zu lassen.

HECHINGEN *(wieder näher).*

Dein Onkel Kari hat es in seiner freundschaftlichen Güte
auf sich genommen, mit der Antoinette, mit meiner Frau,
ein Gespräch zu führen, dessen Ausgang wie gesagt –

STANI.

Der Onkel Kari?

HECHINGEN.

Ich mußte mir sagen, daß ich mein Schicksal in die Hand
keines nobleren, keines selbstloseren Freundes –

STANI.

Aber natürlich. – Wenn er nur die Zeit gefunden hat?

HECHINGEN.

Wie?

STANI.

Er übernimmt manchmal ein bissl viel, der Onkel Kari.
Wenn irgend jemand etwas von ihm will – er kann nicht
nein sagen.

HECHINGEN

Es war abgemacht, daß ich im Club ein telephonisches Si-
gnal erwarte, ob ich hierherkommen soll, oder ob mein
Erscheinen noch nicht opportun ist.

STANI.

Ah. Da hätte ich aber an deiner Stelle auch wirklich ge-
wartet.

HECHINGEN.

Ich war nicht mehr imstande, länger zu warten. Bedenke,
was für mich auf dem Spiel steht!

STANI.

Über solche Entscheidungen muß man halt ein bissl erhaben sein. Aha!

(Sieht den Diener, der oben heraustritt.
Diener kommt die Treppe herunter.
Stani ihm entgegen, läßt Hechingen stehen.)

DIENER.

Nein, ich glaube, Seine Erlaucht müssen fort sein.

STANI.

Sie glauben? Ich habe Ihnen gesagt, Sie sollen herumge-
hen, bis Sie ihn finden.

DIENER.

Verschiedene Herrschaften haben auch schon gefragt,
Seine Erlaucht müssen rein unauffällig verschwunden
sein.

STANI.

Sapristi! Dann gehen Sie zu meiner Mutter und melden
Sie ihr, ich lasse vielmals bitten, sie möchte auf einen Moment zu mir in den vordersten Salon herauskommen. Ich
muß meinen Onkel oder sie sprechen, bevor ich eintrete.

DIENER.

Sehr wohl. *(Geht wieder hinauf.)*

HECHINGEN.

Mein Instinkt sagt mir, daß der Kari in der Minute her-
austreten wird, um mir das Resultat zu verkünden, und
daß es ein glückliches sein wird.

STANI.

So einen sicheren Instinkt hast du? Ich gratuliere.

HECHINGEN.

Etwas hat ihn abgehalten zu telephonieren, aber er hat
mich herbeigewünscht. Ich fühle mich ununterbrochen
im Kontakt mit ihm.

STANI.

Fabelhaft!

HECHINGEN.

Das ist bei uns gegenseitig. Sehr oft spricht er etwas aus,
was ich im gleichen Augenblick mir gedacht habe.

STANI.

Du bist offenbar ein großartiges Medium.

HECHINGEN.

Mein lieber Freund, wie ich ein junger Hund war wie du,
hätte ich auch viel nicht für möglich gehalten, aber wenn
man seine Fünfunddreißig auf dem Buckel hat, da gehen
einem die Augen für so manches auf. Es ist ja, wie wenn
man früher taub und blind gewesen wäre.

STANI.

Was du nicht sagst!

HECHINGEN.

Ich verdank ja dem Kari geradezu meine zweite Erzie-
hung. Ich lege Gewicht darauf, klarzustellen, daß ich
ohne ihn einfach aus meiner verworrenen Lebenssitua-
tion nicht herausgefunden hätte.

STANI.

Das ist enorm.

HECHINGEN.

Ein Wesen wie die Antoinette, mag man auch ihr Mann
gewesen sein, das sagt noch gar nichts, man hat eben
keine Ahnung von dieser inneren Feinheit. Ich bitte nicht
zu übersehen, daß ein solches Wesen ein Schmetterling
ist, dessen Blütenstaub man schonen muß. Wenn du sie
kennen würdest, ich meine näher kennen –

(Stani, verbindliche Gebärde.)

HECHINGEN.

Ich faß mein Verhältnis zu ihr jetzt so auf, daß es einfach
meine Schuldigkeit ist, ihr die Freiheit zu gewähren, deren ihre bizarre, phantasievolle Natur bedarf. Sie hat die
Natur der grande dame des achtzehnten Jahrhunderts.
Nur dadurch, daß man ihr die volle Freiheit gewährt,
kann man sie an sich fesseln.

STANI.

Ah.

HECHINGEN.

Man muß large sein, das ist es, was ich dem Kari verdanke. Ich würde keineswegs etwas Irreparables darin erblicken, einen Menschen, der sie verehrt, in larger Weise
heranzuziehen.

STANI.

Ich begreife.

HECHINGEN.

Ich würde mich bemühen, meinen Freund aus ihm zu
machen, nicht aus Politik, sondern ganz unbefangen. Ich
würde ihm herzlich entgegenkommen: das ist die Art, wie
der Kari mir gezeigt hat, daß man die Menschen nehmen
muß: mit einem leichten Handgelenk.

STANI.

Aber es ist nicht alles au pied de la lettre zu nehmen, was
der Onkel Kari sagt.

HECHINGEN.

Au pied de la lettre natürlich nicht. Ich würde dich bitten,
nicht zu übersehen, daß ich genau fühle, worauf es ankommt. Es kommt alles auf ein gewisses Etwas an, auf
eine Grazie – ich möchte sagen, es muß alles ein beständi-
ges Impromptu sein. *(Er geht nervös auf und ab.)*

STANI.

Man muß vor allem seine tenue zu wahren wissen. Beispielsweise, wenn der Onkel Kari eine Entscheidung über
was immer zu erwarten hätte, so würde kein Mensch ihm
etwas anmerken.

HECHINGEN.

Aber natürlich. Dort hinter dieser Statue oder hinter der
großen Azalee würde er mit der größten Nonchalance
stehen und plaudern – ich mal mir das aus! Auf die Gefahr hin, dich zu langweilen, ich schwör dir, daß ich jede
kleine Nuance, die in ihm vorgehen würde, nachempfin-
den kann.

STANI.

Da wir uns aber nicht beide hinter die Azalee stellen können und dieser Idiot von Diener absolut nicht wiederkommt, so werden wir vielleicht hinaufgehen.

HECHINGEN.

Ja, gehen wir beide. Es tut mir wohl, diesen Augenblick nicht allein zu verbringen. Mein lieber Stani, ich hab eine so aufrichtige Sympathie für dich! *(Hängt sich in ihn ein.)*

STANI *(indem er seinen Arm von dem Hechingens entfernt).*

Aber vielleicht nicht bras dessus bras dessous wie die Komtessen, wenn sie das erste Jahr ausgehen, sondern jeder extra.

HECHINGEN.

Bitte, bitte, wie dirs genehm ist. –

STANI.

Ich würde dir vorschlagen, als erster zu starten. Ich komm dann sofort nach.

(Hechingen geht voraus, verschwindet oben.
Stani geht ihm nach.)

Dritte Szene

HELENE *(tritt aus einer kleinen versteckten Tür in der linken Seitenwand. Sie wartet, bis Stani oben unsichtbar geworden ist. Dann ruft sie den Kammerdiener leise an).*

Wenzel, Wenzel, ich will Sie etwas fragen.

KAMMERDIENER *(geht schnell zu ihr hinüber).*

Befehlen Komtesse?

HELENE *(mit sehr leichtem Ton).*

Haben Sie gesehen, ob der Graf Bühl fortgegangen ist?

KAMMERDIENER.

Jawohl, sind fortgegangen, vor fünf Minuten.

HELENE.

Er hat nichts hinterlassen?

KAMMERDIENER.

Wie meinen die Komtesse?

HELENE.

Einen Brief oder eine mündliche Post.

KAMMERDIENER.

Mir nicht, ich werde gleich die andern Diener fragen.
(Geht hinüber.
Helene steht und wartet.
Stani wird oben sichtbar. Er sucht zu sehen, mit wem Helene
spricht, und verschwindet dann wieder.)

KAMMERDIENER *(kommt zurück zu Helene).*

Nein, gar nicht. Er hat sein Auto weggeschickt, sich eine
Zigarre angezündet und ist gegangen.
(Helene sagt nichts.)

KAMMERDIENER *(nach einer kleinen Pause).*

Befehlen Komtesse noch etwas?

HELENE.

Ja, Wenzel, ich werd in ein paar Minuten wiederkommen,
und dann werd ich aus dem Hause gehen.

KAMMERDIENER.

Wegfahren, noch jetzt am Abend?

HELENE.

Nein, gehen, zu Fuß.

KAMMERDIENER.

Ist jemand krank worden?

HELENE.

Nein, es ist niemand krank, ich muß mit jemandem sprechen.

KAMMERDIENER.

Befehlen Komtesse, daß wer begleitet außer der Miss?

HELENE.

Nein, ich werde ganz allein gehen, auch die Miss Jekyll

wird mich nicht begleiten. Ich werde hier herausgehen in
einem Augenblick, wenn niemand von den Gästen hier
fortgeht. Und ich werde Ihnen einen Brief für den Papa
geben.

KAMMERDIENER.

Befehlen, daß ich den dann gleich hineintrage?

HELENE.

Nein, geben Sie ihn dem Papa, wenn er die letzten Gäste
begleitet hat.

KAMMERDIENER.

Wenn sich alle Herrschaften verabschiedet haben?

HELENE.

Ja, im Moment, wo er befiehlt, das Licht auszulöschen.
Aber dann bleiben Sie bei ihm. Ich möchte, daß Sie – *(Sie
stockt.)*

KAMMERDIENER.

Befehlen?

HELENE.

Wie alt war ich, Wenzel, wie Sie hier ins Haus gekommen
sind?

KAMMERDIENER.

Fünf Jahre altes Mäderl waren Komtesse.

HELENE.

Es ist gut, Wenzel, ich danke Ihnen. Ich werde hier herauskommen, und Sie werden mir ein Zeichen geben, ob
der Weg frei ist. *(Reicht ihm ihre Hand zum Küssen.)*

KAMMERDIENER.

Befehlen.
(Küßt die Hand.
Helene geht wieder ab durch die kleine Tür.)

Vierte Szene

Antoinette und Neuhoff kommen rechts seitwärts der Treppe
aus dem Wintergarten.

ANTOINETTE.

Das war die Helen. War sie allein? Hat sie mich gesehen?

NEUHOFF.

Ich glaube nicht. Aber was liegt daran? Jedenfalls haben
Sie diesen Blick nicht zu fürchten.

ANTOINETTE.

Ich fürcht mich vor ihr. Sooft ich an sie denk, glaub ich,
daß mich wer angelogen hat. Gehen wir woanders hin,
wir können nicht hier im Vestibül sitzen.

NEUHOFF.

Beruhigen Sie sich. Kari Bühl ist fort. Ich habe soeben gesehen, wie er fortgegangen ist.

ANTOINETTE.

Gerade jetzt im Augenblick?

NEUHOFF *(versteht, woran sie denkt).*

Er ist unbemerkt und unbegleitet fortgegangen.

ANTOINETTE.

Wie?

NEUHOFF.

Eine gewisse Person hat ihn nicht bis hierher begleitet
und hat überhaupt in der letzten halben Stunde seines
Hierseins nicht mit ihm gesprochen. Ich habe es festge-
stellt. Seien Sie ruhig.

ANTOINETTE.

Er hat mir geschworen, er wird ihr adieu sagen für immer. Ich möcht ihr Gesicht sehen, dann wüßt ich –

NEUHOFF.

Dieses Gesicht ist hart wie Stein. Bleiben Sie bei mir hier.

ANTOINETTE.

Ich –

NEUHOFF.

Ihr Gesicht ist entzückend. Andere Gesichter verstecken alles. Das Ihrige ist ein unaufhörliches Geständnis. Man könnte diesem Gesicht alles entreißen, was je in Ihnen vorgegangen ist.

ANTOINETTE.

Man könnte? Vielleicht – wenn man einen Schatten von Recht dazu hätte.

NEUHOFF.

Man nimmt das Recht dazu aus dem Moment. Sie sind eine Frau, eine wirkliche, entzückende Frau. Sie gehören keinem und jedem! Nein: Sie haben noch keinem gehört, Sie warten noch immer.

ANTOINETTE *(mit einem kleinen nervösen Lachen).*

Nicht auf Sie!

NEUHOFF.

Ja, genau auf mich, das heißt auf den Mann, den Sie noch nicht kennen, auf den wirklichen Mann, auf Ritterlichkeit, auf Güte, die in der Kraft wurzelt. Denn die Karis haben Sie nur malträtiert, betrogen vom ersten bis zum letzten Augenblick, diese Sorte von Menschen ohne Güte, ohne Kern, ohne Nerv, ohne Loyalität! Diese Schmarotzer, denen ein Wesen wie Sie immer wieder und wieder in die Schlinge fällt, ungelohnt, unbedankt, unbeglückt, erniedrigt in ihrer zartesten Weiblichkeit! *(Will ihre Hand ergreifen.)*

ANTOINETTE.

Wie Sie sich echauffieren! Aber vor Ihnen bin ich sicher, Ihr kalter, wollender Verstand hebt ja den Kopf aus jedem Wort, das Sie reden. Ich hab nicht einmal Angst vor Ihnen. Ich will Sie nicht!

NEUHOFF.

Mein Verstand, ich haß ihn ja! Ich will ja erlöst sein von ihm, mich verlangt ja nichts anderes, als ihn bei Ihnen zu verlieren, süße kleine Antoinette!

(Er will ihre Hand nehmen.
Hechingen wird oben sichtbar, tritt aber gleich wieder zu-
rück.
Neuhoff hat ihn gesehen, nimmt ihre Hand nicht, ändert die
Stellung und den Gesichtsausdruck.)

ANTOINETTE.

Ah, jetzt hab ich Sie durch und durch gesehen! Wie sich
das jäh verändern kann in Ihrem Gesicht! Ich will Ihnen
sagen, was jetzt passiert ist: jetzt ist oben die Helen vor-
beigegangen, und in diesem Augenblick hab ich in Ihnen
lesen können wie in einem offenen Buch. Dépit und
Ohnmacht, Zorn, Scham und die Lust, mich zu kriegen –
faute de mieux –, das alles war zugleich darin. Die Edine
schimpft mit mir, daß ich komplizierte Bücher nicht lesen
kann. Aber das war recht kompliziert, und ich habs doch
lesen können in einem Nu. Geben Sie sich keine Müh mit
mir. Ich mag nicht!

NEUHOFF *(beugt sich zu ihr).*

Du sollst wollen!

ANTOINETTE *(steht auf).*

Oho! Ich mag nicht! Ich mag nicht! Denn das, was da aus
Ihren Augen hervorwill und mich in seine Gewalt kriegen will, aber nur will! – kann sein, daß das sehr männlich
ist – aber ich mags nicht. Und wenn das Euer Bestes ist,
so hat jede einzelne von uns, und wäre sie die Gewöhn-
lichste, etwas in sich, das besser ist als Euer Bestes, und
das gefeit ist gegen Euer Bestes durch ein bisserl eine
Angst. Aber keine solche Angst, die einen schwindlig
macht, sondern eine ganz nüchterne, ganz prosaische. *(Sie
geht gegen die Treppe, bleibt noch einmal stehen.)* Verstehen
Sie mich? Bin ich ganz deutlich? Ich fürcht mich vor Ihnen, aber nicht genug, das ist Ihr Pech. Adieu, Baron
Neuhoff.

(Neuhoff ist schnell nach dem Wintergarten abgegangen.)

Fünfte Szene

*Hechingen tritt oben herein, er kommt sehr schnell
die Treppe herunter.
Antoinette ist betroffen und tritt zurück.*

HECHINGEN.
  Toinette!
ANTOINETTE *(unwillkürlich)*.
  Auch das noch!
HECHINGEN.
  Wie sagst du?
ANTOINETTE.
  Ich bin überrascht – das mußt du doch begreifen.
HECHINGEN.
  Und ich bin glücklich. Ich danke meinem Gott, ich danke
  meiner Chance, ich danke diesem Augenblick!
ANTOINETTE.
  Du siehst ein bissl verändert aus. Dein Ausdruck ist an-
  ders, ich weiß nicht, woran es liegt. Bist du nicht ganz
  wohl?
HECHINGEN.
  Liegt es nicht daran, daß diese schwarzen Augen mich
  lange nicht angeschaut haben?
ANTOINETTE.
  Aber es ist ja nicht so lang her, daß man sich gesehen hat.
HECHINGEN.
  Sehen und Anschaun ist zweierlei, Toinette.
  *(Er ist ihr näher gekommen.
  Antoinette tritt zurück.)*
HECHINGEN.
  Vielleicht aber ist es etwas anderes, das mich verändert
  hat, wenn ich die Unbescheidenheit haben darf, von mir
  zu sprechen.

ANTOINETTE.

Was denn? Ist etwas passiert? Interessierst du dich für wen?

HECHINGEN.

Deinen Charme, deinen Stolz im Spiel zu sehen, die ganze Frau, die man liebt, plötzlich vor sich zu sehen, sie leben zu sehen!

ANTOINETTE.

Ah, von mir ist die Rede!

HECHINGEN.

Ja, von dir. Ich war so glücklich, dich einmal so zu sehen wie du bist, denn da hab ich dich einmal nicht intimidiert. O meine Gedanken, wie ich da oben gestanden bin! Diese Frau begehrt von allen und allen sich versagend! Mein Schicksal, dein Schicksal, denn es ist unser beider Schicksal. Setz dich zu mir! *(Er hat sich gesetzt, streckt die Hand nach ihr aus.)*

ANTOINETTE.

Man kann so gut im Stehen miteinander reden, wenn man so alte Bekannte ist.

HECHINGEN *(ist wieder aufgestanden).*

Ich hab dich nicht gekannt. Ich hab erst andere Augen bekommen müssen. Der zu dir kommt, ist ein andrer, ein Verwandelter.

ANTOINETTE.

Du hast so einen neuen Ton in deinen Reden. Wo hast du dir das angewöhnt?

HECHINGEN.

Der zu dir redet, das ist der, den du nicht kennst. Toinette, so wie er dich nicht gekannt hat! Und der sich nichts anderes wünscht, nichts anderes träumt, als von dir gekannt zu sein und dich zu kennen.

ANTOINETTE.

Ado, ich bitt dich um alles, red nicht mit mir, als wenn

ich eine Speisewagenbekanntschaft aus einem Schnellzug
wäre.

HECHINGEN.

Mit der ich fahren möchte, fahren bis ans Ende der
Welt!

(Will ihre Hand küssen, sie entzieht sie ihm.)

ANTOINETTE.

Ich bitt dich, merk doch, daß mich das crispiert. Ein altes
Ehepaar hat doch einen Ton miteinander. Den wechselt
man doch nicht, das ist ja zum Schwindligwerden.

HECHINGEN.

Ich weiß nichts von einem alten Ehepaar, ich weiß nichts
von unserer Situation.

ANTOINETTE.

Aber das ist doch die gegebene Situation.

HECHINGEN.

Gegeben? Das alles gibts ja gar nicht. Hier bist du und
ich, und alles fängt wieder vom Frischen an.

ANTOINETTE.

Aber nein, gar nichts fängt vom Frischen an.

HECHINGEN.

Das ganze Leben ist ein ewiges Wiederanfangen.

ANTOINETTE.

Nein, nein, ich bitt dich um alles, bleib doch in deinem alten Genre. Ich kanns sonst nicht aushalten. Sei mir nicht
bös, ich hab ein bissl Migräne, ich hab schon früher nach
Haus fahren wollen, bevor ich gewußt hab, daß ich dich
– ich hab doch nicht wissen können!

HECHINGEN.

Du hast nicht wissen können, wer der sein wird, der vor
dich hintreten wird, und daß es nicht dein Mann ist,
sondern ein neuer enflammierter Verehrer, enflammiert
wie ein Bub von zwanzig Jahren! Das verwirrt dich, das
macht dich taumeln. *(Will ihre Hand nehmen.)*

ANTOINETTE.

Nein, es macht mich gar nicht taumeln, es macht mich ganz nüchtern. So terre à terre machts mich, alles kommt mir so armselig vor und ich mir selbst. Ich hab heut einen unglücklichen Abend, bitte, tu mir einen einzigen Gefallen, laß mich nach Haus fahren.

HECHINGEN.

Oh, Antoinette!

ANTOINETTE.

Das heißt, wenn du mir etwas Bestimmtes hast sagen wollen, so sags mir, ich werds sehr gern anhören, aber ich bitt dich um eins! Sags ganz in deinem gewöhnlichen Ton, so wie immer.

(Hechingen, betrübt und ernüchtert, schweigt.)

ANTOINETTE.

So sag doch, was du mir hast sagen wollen.

HECHINGEN.

Ich bin betroffen zu sehen, daß meine Gegenwart dich einerseits zu überraschen, anderseits zu belasten scheint. Ich durfte mich der Hoffnung hingeben, daß ein lieber Freund Gelegenheit genommen haben würde, dir von mir, von meinen unwandelbaren Gefühlen für dich zu sprechen. Ich habe mir zurechtgelegt, daß auf dieser Basis eine improvisierte Aussprache zwischen uns möglicherweise eine veränderte Situation schon vorfindet oder wenigstens schaffen würde können. – Ich würde dich bitten, nicht zu übersehen, daß du mir die Gelegenheit, dir von meinem eigenen Innern zu sprechen, bisher nicht gewährt hast – ich fasse mein Verhältnis zu dir so auf, Antoinette – langweil ich dich sehr?

ANTOINETTE.

Aber ich bitt dich, sprich doch weiter. Du hast mir doch was sagen wollen. Anders kann ich mir dein Herkommen nicht erklären.

HECHINGEN.

Ich faß unser Verhältnis als ein solches auf, das nur mich, nur mich, Antoinette, bindet, das mir, nur mir eine Prüfungszeit auferlegt, deren Dauer du zu bestimmen hast.

ANTOINETTE.

Aber wozu soll denn das sein, wohin soll denn das führen?

HECHINGEN.

Wende ich mich freilich zu meinem eigenen Innern, Toinette –

ANTOINETTE.

Bitte, was ist, wenn du dich da wendest? *(Sie greift sich an die Schläfe.)*

HECHINGEN.

– so bedarf es allerdings keiner langen Prüfung. Immer und immer werde ich der Welt gegenüber versuchen, mich auf deinen Standpunkt zu stellen, werde immer wieder der Verteidiger deines Charmes und deiner Freiheit sein. Und wenn man mir bewußt Entstellungen entgegenwirft, so werde ich triumphierend auf das vor wenigen Minuten hier Erlebte verweisen, auf den sprechenden Beweis, wie sehr es dir gegeben ist, die Männer, die dich begehren und bedrängen, in ihren Schranken zu halten.

ANTOINETTE *(nervös)*.

Was denn?

HECHINGEN.

Du wirst viel begehrt. Dein Typus ist die grande dame des achtzehnten Jahrhunderts. Ich vermag in keiner Weise etwas Beklagenswertes daran zu erblicken. Nicht die Tatsache muß gewertet werden, sondern die Nuance. Ich lege Gewicht darauf, klarzustellen, daß, wie immer du handelst, deine Absichten für mich über jeden Zweifel erhaben sind.

idea of
her
playing
with him
men in
general

ANTOINETTE *(dem Weinen nah).*

Mein lieber Ado, du meinst es sehr gut, aber meine Migräne wird stärker mit jedem Wort, was du sagst.

HECHINGEN.

Oh, das tut mir sehr leid. Um so mehr, als diese Augen-
blicke für mich unendlich kostbar sind.

ANTOINETTE.

Bitte, hab die Güte – *(Sie taumelt.)*

HECHINGEN.

Ich versteh. Ein Auto?

ANTOINETTE.

Ja. Die Edine hat mir erlaubt, ihres zu nehmen.

HECHINGEN.

Sofort.

(Geht und gibt den Befehl. Kommt zurück mit ihrem Mantel. coat
Indem er ihr hilft.) Ist das alles, was ich für dich tun kann?

ANTOINETTE.

Ja, alles.

KAMMERDIENER *(an der Glastür, meldet).*

Das Auto für die Frau Gräfin.

(Antoinette geht sehr schnell ab.
Hechingen will ihr nach, hält sich.)

Sechste Szene

STANI *(von rückwärts aus dem Wintergarten. Er scheint jemand*
zu suchen).

Ah, du bists, hast du meine Mutter nicht gesehen?

HECHINGEN.

Nein, ich war nicht in den Salons. Ich hab soeben meine
Frau an ihr Auto begleitet. Es war eine Situation ohne
Beispiel.

STANI *(mit seiner eigenen Sache beschäftigt).*

Ich begreif nicht. Die Mamu bestellt mich zuerst in den Wintergarten, dann läßt sie mir sagen, hier an der Stiege auf sie zu warten –

HECHINGEN.

Ich muß mich jetzt unbedingt mit dem Kari aussprechen.

STANI.

Da mußt du halt fortgehen und ihn suchen.

HECHINGEN.

Mein Instinkt sagt mir, er ist nur fortgegangen, um mich im Club aufzusuchen, und wird wiederkommen. *(Geht nach oben.)*

STANI.

Ja, wenn man so einen Instinkt hat, der einem alles sagt! Ah, da ist ja die Mamu!

Siebente Szene

CRESCENCE *(kommt unten von links seitwärts der Treppe heraus).*

Ich komm über die Dienerstiegen, diese Diener machen nichts als Mißverständnisse. Zuerst sagt er mir, du bittest mich, in den Wintergarten zu kommen, dann sagt er in die Galerie –

STANI.

Mamu, das ist ein Abend, wo man aus den Konfusionen überhaupt nicht herauskommt. Ich bin wirklich auf dem Punkt gestanden, wenn es nicht wegen Ihr gewesen wäre, stante pede nach Haus zu fahren, eine Dusche zu nehmen und mich ins Bett zu legen. Ich vertrag viel, aber eine schiefe Situation, das ist mir etwas so Odioses, das zerrt direkt an meinen Nerven. Ich muß vielmals bitten, mich doch jetzt au courant zu setzen.

CRESCENCE.

Ja, ich begreif doch gar nicht, daß der Onkel Kari hat weggehen können, ohne mir auch nur einen Wink zu geben. Das ist eine von seinen Zerstreutheiten, ich bin ja desperat, mein guter Bub.

STANI.

Bitte mir doch die Situation etwas zu erklären. Bitte mir nur in großen Linien zu sagen, was vorgefallen ist.

CRESCENCE.

Aber alles ist ja genau nach dem Programm gegangen. Zuerst hat der Onkel Kari mit der Antoinette ein sehr agitiertes Gespräch geführt –

STANI.

Das war schon der erste Fehler. Das hab ich ja gewußt, das war eben zu kompliziert. Ich bitte mir also weiter zu sagen!

CRESCENCE.

Was soll ich Ihm denn weiter sagen? Die Antoinette stürzt an mir vorbei, ganz bouleversiert, unmittelbar darauf setzt sich der Onkel Kari mit der Helen –

STANI.

Es ist eben zu kompliziert, zwei solche Konversationen an einem Abend durchzuführen. Und der Onkel Kari –

CRESCENCE.

Das Gespräch mit der Helen geht ins Endlose, ich komm an die Tür – die Helen fällt mir in die Arme, ich bin selig, sie lauft weg, ganz verschämt, wie sichs gehört, ich stürz ans Telephon und zitier dich her!

STANI.

Ja, ich bitte, das weiß ich ja, aber ich bitte, mir aufzuklären, was denn hier vorgegangen ist!

CRESCENCE.

Ich stürz im Flug durch die Zimmer, such den Kari, find ihn nicht. Ich muß zurück zu der Partie, du kannst dir denken, wie ich gespielt hab. Die Mariette Stradonitz invitiert auf Herz, ich spiel Karo, dazwischen bet ich die ganze Zeit zu die vierzehn Nothelfer. Gleich darauf mach ich Renonce in Pik. Endlich kann ich aufstehen, ich such den Kari wieder, ich find ihn nicht! Ich geh durch die finstern Zimmer bis an der Helen ihre Tür, ich hör sie drin weinen. Ich klopf an, sag meinen Namen, sie gibt mir keine Antwort. Ich schleich mich wieder zurück zur Partie, die Mariette fragt mich dreimal, ob mir schlecht ist, der Louis Castaldo schaut mich an, als ob ich ein Gespenst wär. –

STANI.

Ich versteh alles.

CRESCENCE.

Ja, was, ich versteh ja gar nichts.

STANI.

Alles, alles. Die ganze Sache ist mir klar.

CRESCENCE.

Ja, wie sieht Er denn das?

STANI.

Klar wie's Einmaleins. Die Antoinette in ihrer Verzweiflung hat einen Tratsch gemacht, sie hat aus dem Gespräch mit dem Onkel Kari entnommen, daß ich für sie verloren bin. Eine Frau, wenn sie in Verzweiflung ist, verliert ja total ihre tenue; sie hat sich dann an die Helen heranfaufiliert und hat einen solchen Mordstratsch gemacht, daß die Helen mit ihrem fumo und ihrer pyramidalen Empfindlichkeit beschlossen hat, auf mich zu verzichten, und wenn ihr das Herz brechen sollte.

CRESCENCE.

Und deswegen hat sie mir die Tür nicht aufgemacht!

STANI.

Und der Onkel Kari, wie er gespürt hat, was er angerichtet hat, hat sich sofort aus dem Staub gemacht.

CRESCENCE.

Ja, dann steht die Sache doch sehr fatal! Ja, mein guter Bub, was sagst du denn da?

STANI.

Meine gute Mamu, da sag ich nur eins, und das ist das einzige, was ein Mann von Niveau sich in jeder schiefen Situation zu sagen hat: man bleibt, was man ist, daran kann eine gute oder eine schlechte Chance nichts ändern.

CRESCENCE.

Er ist ein lieber Bub, und ich adorier Ihn für seine Haltung, aber deswegen darf man die Flinten noch nicht ins Korn werfen!

STANI.

Ich bitte um alles, mir eine schiefe Situation zu ersparen.

CRESCENCE.

Für einen Menschen mit Seiner tenue gibts keine schiefe Situation. Ich such jetzt die Helen und werd sie fragen, was zwischen jetzt und dreiviertel zehn passiert ist.

STANI.

Ich bitt inständig –

CRESCENCE.

Aber mein Bub, Er ist mir tausendmal zu gut, als daß ich Ihn wollt einer Familie oktroyieren und wenns die vom Kaiser von China wär. Aber anderseits ist mir doch auch die Helen zu lieb, als daß ich ihr Glück einem Tratsch von einer eifersüchtigen Gans, wie die Antoinette ist, aufopfern wollte. Also tu Er mir den Gefallen und bleib Er da und begleit Er mich dann nach Haus, Er sieht doch, wie ich agitiert bin.

(Sie geht die Treppe hinauf, Stani folgt ihr.)

Achte Szene

Helene ist durch die unsichtbare Tür links herausgetreten, im Mantel wie zum Fortgehen. Sie wartet, bis Crescence und Stani sie nicht mehr sehen können. Gleichzeitig ist Hans Karl durch die Glastür rechts sichtbar geworden; er legt Hut, Stock und Mantel ab und erscheint. Helene hat Hans Karl gesehen, bevor er sie erblickt hat. Ihr Gesicht verändert sich in einem Augenblick vollständig. Sie läßt ihren Abendmantel von den Schultern fallen, und dieser bleibt hinter der Treppe liegen, dann tritt sie Hans Karl entgegen.

HANS KARL *(betroffen).*
  Helen, Sie sind noch hier?
HELENE *(hier und weiter in einer ganz festen, entschiedenen Haltung und in einem leichten, fast überlegenen Ton).*
  Ich bin hier zu Haus.
HANS KARL.
  Sie sehen anders aus als sonst. Es ist etwas geschehen!
HELENE.
  Ja, es ist etwas geschehen.
HANS KARL.
  Wann, so plötzlich?
HELENE.
  Vor einer Stunde, glaub ich.
HANS KARL *(unsicher).*
  Etwas Unangenehmes?
HELENE.
  Wie?
HANS KARL.
  Etwas Aufregendes?
HELENE.
  Ah ja, das schon.
HANS KARL.
  Etwas Irreparables?

HELENE.

Das wird sich zeigen. Schauen Sie, was dort liegt.

HANS KARL.

Dort? Ein Pelz. Ein Damenmantel scheint mir.

HELENE.

Ja, mein Mantel liegt da. Ich hab ausgehen wollen.

HANS KARL.

Ausgehen?

HELENE.

Ja, den Grund davon werd ich Ihnen auch dann sagen. Aber zuerst werden Sie mir sagen, warum Sie zurückgekommen sind. Das ist keine ganz gewöhnliche Manier.

HANS KARL *(zögernd)*.

Es macht mich immer ein bisserl verlegen, wenn man mich so direkt was fragt.

HELENE.

Ja, ich frag Sie direkt.

HANS KARL.

Ich kanns gar nicht leicht explizieren.

HELENE.

Wir können uns setzen.

(Sie setzen sich.)

HANS KARL.

Ich hab früher in unserer Konversation – da oben, in dem kleinen Salon –

HELENE.

Ah, da oben in dem kleinen Salon.

HANS KARL *(unsicher durch ihren Ton)*.

Ja, freilich, in dem kleinen Salon. Ich hab da einen großen Fehler gemacht, einen sehr großen.

HELENE.

Ah?

HANS KARL.

Ich hab etwas Vergangenes zitiert.

HELENE.

Etwas Vergangenes?

HANS KARL.

Gewisse ungereimte, rein persönliche Sachen, die in mir vorgegangen sind, wie ich im Feld draußen war, und später im Spital. Rein persönliche Einbildungen, Halluzinationen, sozusagen. Lauter Dinge, die absolut nicht dazu gehört haben.

HELENE.

Ja, ich versteh Sie. Und?

HANS KARL.

Da hab ich unrecht getan.

HELENE.

Inwiefern?

HANS KARL.

Man kann das Vergangene nicht herzitieren, wie die Polizei einen vor das Kommissariat zitiert. Das Vergangene ist vergangen. Niemand hat das Recht, es in eine Konversation, die sich auf die Gegenwart bezieht, einzuflechten. Ich drück mich elend aus, aber meine Gedanken darüber sind mir ganz klar.

HELENE.

Das hoff ich.

HANS KARL.

Es hat mich höchst unangenehm berührt in der Erinnerung, sobald ich allein mit mir selbst war, daß ich in meinem Alter mich so wenig in der Hand hab – und ich bin wiedergekommen, um Ihnen Ihre volle Freiheit, pardon, das Wort ist mir ganz ungeschickt über die Lippen gekommen – um Ihnen Ihre volle Unbefangenheit zurückzugeben.

HELENE.

Meine Unbefangenheit – mir wiedergeben?
(Hans Karl, unsicher, will aufstehen.)

HELENE *(bleibt sitzen).*

Also das haben Sie mir sagen wollen – über Ihr Fortgehen früher?

HANS KARL.

Ja, über mein Fortgehen und natürlich auch über mein Wiederkommen. Eines motiviert ja das andere.

HELENE.

Aha. Ich dank Ihnen sehr. Und jetzt werd ich Ihnen sagen, warum Sie wiedergekommen sind.

HANS KARL.

Sie mir?

HELENE *(mit einem vollen Blick auf ihn).*

Sie sind wiedergekommen, weil – ja! es gibt das! gelobt sei Gott im Himmel! *(Sie lacht.)* Aber es ist vielleicht schade, daß Sie wiedergekommen sind. Denn hier ist vielleicht nicht der rechte Ort, das zu sagen, was gesagt werden muß – vielleicht hätte das – aber jetzt muß es halt hier gesagt werden.

HANS KARL.

O mein Gott, Sie finden mich unbegreiflich. Sagen Sie es heraus!

HELENE.

Ich verstehe alles sehr gut. Ich versteh, was Sie fortgetrieben hat, und was Sie wieder zurückgebracht hat.

HANS KARL.

Sie verstehen alles? Ich versteh ja selbst nicht.

HELENE.

Wir können noch leiser reden, wenns Ihnen recht ist. Was Sie hier hinausgetrieben hat, das war Ihr Mißtrauen, Ihre Furcht vor Ihrem eigenen Selbst – sind Sie bös?

HANS KARL.

Vor meinem Selbst?

HELENE.

Vor Ihrem eigentlichen tieferen Willen. Ja, der ist unbe-

quem, der führt einen nicht den angenehmsten Weg. Er
hat Sie eben hierher zurückgeführt.

HANS KARL.

Ich versteh Sie nicht, Helen!

HELENE *(ohne ihn anzusehen).*

Hart sind nicht solche Abschiede für Sie, aber hart ist
manchmal, was dann in Ihnen vorgeht, wenn Sie mit sich
allein sind.

HANS KARL.

Sie wissen das alles?

HELENE.

Weil ich das alles weiß, darum hätt ich ja die Kraft gehabt
und hätte für Sie das Unmögliche getan.

HANS KARL.

Was hätten Sie Unmögliches für mich getan?

HELENE.

Ich wär Ihnen nachgegangen.

HANS KARL.

Wie denn »nachgegangen«? Wie meinen Sie das?

HELENE.

Hier bei der Tür auf die Gasse hinaus. Ich hab Ihnen
doch meinen Mantel gezeigt, der dort hinten liegt.

HANS KARL.

Sie wären mir –? Ja, wohin?

HELENE.

Ins Kasino oder anderswo – was weiß ich, bis ich Sie halt
gefunden hätte.

HANS KARL.

Sie wären mir, Helen –? Sie hätten mich gesucht? Ohne
zu denken, ob –?

HELENE.

Ja, ohne an irgend etwas sonst zu denken. Ich geh dir
nach – Ich will, daß du mich –

HANS KARL *(mit unsicherer Stimme).*

Sie, du, du willst? *(Für sich.)* Da sind wieder diese unmög-

lichen Tränen! *(Zu ihr.)* Ich hör Sie schlecht. Sie sprechen
so leise.

HELENE.

Sie hören mich ganz gut. Und da sind auch Tränen – aber
die helfen mir sogar eher, um das zu sagen –

HANS KARL.

Du – Sie haben etwas gesagt?

HELENE.

Dein Wille, dein Selbst; versteh mich. Er hat dich umge-
dreht, wie du allein warst, und dich zu mir zurückgeführt. Und jetzt –

HANS KARL.

Jetzt?

HELENE.

Jetzt weiß ich zwar nicht, ob du jemand wahrhaft liebhaben kannst – aber ich bin in dich verliebt, und ich will –
aber das ist doch eine Enormität, daß Sie mich das sagen
lassen!

HANS KARL *(zitternd)*.

Sie wollen von mir –

HELENE *(mit keinem festeren Ton als er)*.

Von deinem Leben, von deiner Seele, von allem – meinen
Teil!

(Eine kleine Pause.)

HANS KARL.

Helen, alles, was Sie da sagen, perturbiert mich in der
maßlosesten Weise um Ihretwillen, Helen, natürlich um
Ihretwillen! Sie irren sich in bezug auf mich, ich hab
einen unmöglichen Charakter.

HELENE.

Sie sind, wie Sie sind, und ich will kennen, wie Sie sind.

HANS KARL.

Es ist so eine namenlose Gefahr für Sie.

(Helene schüttelt den Kopf.)

HANS KARL.

Ich bin ein Mensch, der nichts als Mißverständnisse auf
dem Gewissen hat.

HELENE *(lächelnd)*.

Ja, das scheint.

HANS KARL.

Ich hab so vielen Frauen weh getan.

HELENE.

Die Liebe ist nicht süßlich.

HANS KARL.

Ich bin ein maßloser Egoist.

HELENE.

Ja? Ich glaub nicht.

HANS KARL.

Ich bin so unstet, nichts kann mich fesseln.

HELENE.

Ja, Sie können – wie sagt man das? – verführt werden und
verführen. Alle haben Sie sie wahrhaft geliebt und alle
wieder im Stich gelassen. Die armen Frauen! Sie haben
halt nicht die Kraft gehabt für euch beide.

HANS KARL.

Wie?

HELENE.

Begehren ist Ihre Natur. Aber nicht: das – oder das – sondern von einem Wesen: – alles – für immer! Es hätte eine
die Kraft haben müssen, Sie zu zwingen, daß Sie von ihr
immer mehr und mehr begehrt hätten. Bei der wären Sie
dann geblieben.

HANS KARL.

Wie du mich kennst!

HELENE.

Nach einer ganz kurzen Zeit waren sie dir alle gleichgültig, und du hast ein rasendes Mitleid gehabt, aber keine
große Freundschaft für keine: das war mein Trost.

HANS KARL.

Wie du alles weißt!

HELENE.

Nur darin hab ich existiert. Das allein hab ich verstanden.

HANS KARL.

Da muß ich mich ja vor dir schämen.

HELENE.

Schäm ich mich denn vor dir? Ah nein. Die Liebe schneidet ins lebendige Fleisch.

HANS KARL.

Alles hast du gewußt und ertragen –

HELENE.

Ich hätt nicht den kleinen Finger gerührt, um eine solche Frau von dir wegzubringen. Es wär mir nicht dafür gestanden.

HANS KARL.

Was ist das für ein Zauber, der in dir ist. Gar nicht wie die andern Frauen. Du machst einen so ruhig in einem selber.

HELENE.

Du kannst freilich die Freundschaft nicht fassen, die ich für dich hab. Dazu wird eine lange Zeit nötig sein – wenn du mir die geben kannst.

HANS KARL.

Wie du das sagst!

HELENE.

Jetzt geh, damit dich niemand sieht. Und komm bald wieder. Komm morgen, am frühen Nachmittag. Die Leut gehts nichts an, aber der Papa solls schnell wissen. – Der Papa solls wissen, – der schon! Oder nicht, wie?

HANS KARL *(verlegen)*.

Es ist das – mein guter Freund Poldo Altenwyl hat seit Tagen eine Angelegenheit, einen Wunsch – den er mir oktroyieren will: er wünscht, daß ich, sehr überflüssigerweise, im Herrenhaus das Wort ergreife –

HELENE.

Aha –

HANS KARL.

Und da geh ich ihm seit Wochen mit der größten Vorsicht aus dem Weg – vermeide, mit ihm allein zu sein – im Kasino, auf der Gasse, wo immer –

HELENE.

Sei ruhig – es wird nur von der Hauptsache die Rede sein – dafür garantier ich. – Es kommt schon jemand: ich muß fort.

HANS KARL.

Helen!

HELENE *(schon im Gehen, bleibt nochmals stehen).*

Du! Leb wohl! *(Nimmt den Mantel auf und verschwindet durch die kleine Tür links.)*

Neunte Szene

CRESCENCE *(oben auf der Treppe).*

Kari!

(Kommt schnell die Stiege herunter.

Hans Karl steht mit dem Rücken gegen die Stiege.)

CRESCENCE.

Kari! Find ich Ihn endlich! Das ist ja eine Konfusion ohne Ende! *(Sie sieht sein Gesicht.)* Kari! es ist was passiert! Sag mir, was?

HANS KARL.

Es ist mir was passiert, aber wir wollen es gar nicht zergliedern.

CRESCENCE.

Bitte! aber du wirst mir doch erklären –

Zehnte Szene

HECHINGEN *(kommt von oben herab, bleibt stehen, ruft Hans Karl halblaut zu).*

Kari, wenn ich dich auf eine Sekunde bitten dürfte!

HANS KARL.

Ich steh zur Verfügung. *(Zu Crescence.)* Entschuldig Sie mich wirklich.

(Stani kommt gleichfalls von oben.)

CRESCENCE *(zu Hans Karl).*

Aber der Bub! Was soll ich denn dem Bub sagen? Der Bub ist doch in einer schiefen Situation!

STANI *(kommt herunter, zu Hechingen).*

Pardon, jetzt einen Moment muß unbedingt ich den Onkel Kari sprechen! *(Grüßt Hans Karl.)*

HANS KARL.

Verzeih mir einen Moment, lieber Ado! *(Läßt Hechingen stehen, tritt zu Crescence.)* Komm Sie daher, aber allein: ich will Ihr was sagen. Aber wir wollen es in keiner Weise bereden.

CRESCENCE.

Aber ich bin doch keine indiskrete Person!

HANS KARL.

Du bist eine engelsgute Frau. Also hör zu! Die Helen hat sich verlobt.

CRESCENCE.

Sie hat sich verlobt mit'm Stani? Sie will ihn?

HANS KARL.

Wart noch! So hab doch nicht gleich die Tränen in den Augen, du weißt ja noch nicht.

CRESCENCE.

Es ist Er, Kari, über den ich so gerührt bin. Der Bub verdankt Ihm ja alles!

HANS KARL.

Wart Sie, Crescence! – Nicht mit dem Stani!

CRESCENCE.

Nicht mit dem Stani? Ja, mit wem denn?

HANS KARL *(mit großer gêne)*.

Gratulier Sie mir!

CRESCENCE.

Dir?

HANS KARL.

Aber tret Sie dann gleich weg und misch Sies nicht in die Konversation. Sie hat sich – ich hab mich – wir haben uns miteinander verlobt.

CRESCENCE.

Du hast dich! Ja, da bin ich selig!

HANS KARL.

Ich bitte Sie, jetzt vor allem zu bedenken, daß Sie mir versprochen hat, mir diese odiosen Konfusionen zu ersparen, denen sich ein Mensch aussetzt, der sich unter die Leut mischt.

CRESCENCE.

Ich werd gewiß nichts tun – *(Blick nach Stani.)*

HANS KARL.

Ich hab Ihr gesagt, daß ich nichts erklären werd, niemandem, und daß ich bitten muß, mir die gewissen Mißverständnisse zu ersparen!

CRESCENCE.

Werd Er mir nur nicht stutzig! Das Gesicht hat Er als kleiner Bub gehabt, wenn man Ihn konterkariert hat. Das hab ich schon damals nicht sehen können! Ich will ja alles tun, wie Er will.

HANS KARL.

Sie ist die beste Frau von der Welt, und jetzt entschuldig Sie mich, der Ado hat das Bedürfnis, mit mir eine Konversation zu haben – die muß also jetzt in Gottes Namen absolviert werden. *(Küßt ihr die Hand.)*

CRESCENCE.

Ich wart noch auf Ihn!

(Crescence, mit Stani, treten zur Seite, entfernt, aber dann und wann sichtbar.)

Elfte Szene

HECHINGEN.

Du siehst mich so streng an! Es ist ein Vorwurf in deinem Blick!

HANS KARL.

Aber gar nicht: ich bitt um alles, wenigstens heute meine Blicke nicht auf die Goldwaage zu legen.

HECHINGEN.

Es ist etwas vorgefallen, was deine Meinung von mir geändert hat? oder deine Meinung von meiner Situation?

HANS KARL *(in Gedanken verloren).*

Von deiner Situation?

HECHINGEN.

Von meiner Situation gegenüber Antoinette natürlich! Darf ich dich fragen, wie du über meine Frau denkst?

HANS KARL *(nervös).*

Ich bitt um Vergebung, aber ich möchte heute nichts über Frauen sprechen. Man kann nicht analysieren, ohne in die odiosesten Mißverständnisse zu verfallen. Also ich bitt mirs zu erlassen!

HECHINGEN.

Ich verstehe. Ich begreife vollkommen. Aus allem, was du da sagst oder vielmehr in der zartesten Weise andeutest, bleibt für mich doch nur der einzige Schluß zu ziehen: daß du meine Situation für aussichtslos ansiehst.

Zwölfte Szene

Hans Karl sagt nichts, sieht verstört nach rechts.
Vinzenz ist von rechts eingetreten, im gleichen Anzug wie
im ersten Akt, einen kleinen runden Hut in der Hand.
Crescence ist auf Vinzenz zugetreten.

HECHINGEN *(sehr betroffen durch Hans Karls Schweigen).*
Das ist der kritische Moment meines Lebens, den ich
habe kommen sehen. Jetzt brauche ich deinen Beistand,
mein guter Kari, wenn mir nicht die ganze Welt ins Wan-
ken kommen soll.

HANS KARL.
Aber mein guter Ado – *(Für sich, auf Vinzenz hinüber-
sehend.)* Was ist denn das?

HECHINGEN.
Ich will, wenn du es erlaubst, die Voraussetzungen reka-
pitulieren, die mich haben hoffen lassen –

HANS KARL.
Entschuldige mich für eine Sekunde, ich sehe, da ist
irgendwelche Konfusion passiert.
*(Er geht hinüber zu Crescence und Vinzenz.
Hechingen bleibt allein stehen. Stani ist seitwärts zurückge-
treten, mit einigen Zeichen von Ungeduld.)*

CRESCENCE *(zu Hans Karl).*
Jetzt sagt er mir: du reist ab, morgen in aller Früh – ja
was bedeutet denn das?

HANS KARL.
Was sagt er? Ich habe nicht befohlen –

CRESCENCE.
Kari, mit dir kommt man nicht heraus aus dem Wiegel-
Wagel. Jetzt hab ich mich doch in diese Verlobungsstim-
mung hineingedacht!

HANS KARL.
Darf ich bitten –

CRESCENCE.

Mein Gott, es ist mir ja nur so herausgerutscht!

HANS KARL *(zu Vinzenz)*.

Wer hat Sie hergeschickt? Was soll es?

VINZENZ.

Euer Erlaucht haben doch selbst Befehl gegeben, vor einer halben Stunde am Telephon.

HANS KARL.

Ihnen? Ihnen hab ich gar nichts befohlen.

VINZENZ.

Der Portierin haben Erlaucht befohlen, wegen Abreise morgen früh sieben Uhr aufs Jagdhaus nach Gebhardtskirchen – oder richtig gesagt, heut früh, denn jetzt haben wir viertel eins.

CRESCENCE.

Aber Kari, was heißt denn das alles?

HANS KARL.

Wenn man mir erlassen möchte, über jeden Atemzug, den ich tu, Auskunft zu geben.

VINZENZ *(zu Crescence)*.

Das ist doch sehr einfach zu verstehen. Die Portierin ist nach oben gelaufen mit der Meldung, der Lukas war im Moment nicht auffindbar, also hab ich die Sache in die Hand genommen. Chauffeur habe ich avisiert, Koffer hab ich vom Boden holen lassen, Sekretär Neugebauer hab ich auf alle Fälle aufwecken lassen, falls er gebraucht wird – was braucht er zu schlafen, wenn das ganze Haus auf ist? – und jetzt bin ich hier erschienen und stelle mich zur Verfügung, weitere Befehle entgegenzunehmen.

HANS KARL.

Gehen Sie sofort nach Hause, bestellen Sie das Auto ab, lassen Sie die Koffer wieder auspacken, bitten Sie den Herrn Neugebauer sich wieder schlafenzulegen, und machen Sie, daß ich Ihr Gesicht nicht wieder sehe! Sie sind nicht mehr in meinen Diensten, der Lukas ist vom übrigen unterrichtet. Treten Sie ab!

VINZENZ.

Das ist mir eine sehr große Überraschung. *(Geht ab.)*

Dreizehnte Szene

CRESCENCE.

Aber so sag mir doch nur ein Wort! So erklär mir nur –

HANS KARL.

Da ist nichts zu erklären. Wie ich aus dem Kasino gegangen bin, war ich aus bestimmten Gründen vollkommen entschlossen, morgen früh abzureisen. Das war an der Ecke von der Freyung und der Herrengasse. Dort ist ein Café, in das bin ich hineingegangen und hab von dort aus nach Haus telephoniert; dann, wie ich aus dem Kaffeehaus herausgetreten bin, da bin ich, anstatt wie meine Absicht war, über die Freyung abzubiegen – bin ich die Herrengasse heruntergegangen und wieder hier hereingetreten – und da hat sich die Helen – *(Er streicht sich über die Stirn.)*

CRESCENCE.

Aber ich laß Ihn ja schon. *(Sie geht zu Stani hinüber, der sich etwas im Hintergrund gesetzt hat.)*

HANS KARL *(gibt sich einen Ruck und geht auf Hechingen zu, sehr herzlich).*

Ich bitt mir alles Vergangene zu verzeihen, ich hab in allem und jedem unrecht und irrig gehandelt und bitt, mir meine Irrtümer alle zu verzeihen. Über den heutigen Abend kann ich im Detail keine Auskunft geben. Ich bitt, mir trotzdem ein gutes Andenken zu bewahren. *(Reicht ihm die Hand.)*

HECHINGEN *(bestürzt).*

Du sagst mir ja adieu, mein Guter! Du hast Tränen in den
Augen. Aber ich versteh dich ja, Kari. Du bist der wahre,
gute Freund, unsereins ist halt nicht imstand, sich heraus-
zuwursteln aus dem Schicksal, das die Gunst oder Nicht-
gunst der Frauen uns bereitet, du aber hast dich über
diese ganze Atmosphäre ein für allemal hinausgehoben –
(Hans Karl winkt ihn ab.)

HECHINGEN.

Das kannst du nicht negieren, das ist dieses gewisse Etwas von Superiorität, das dich umgibt, und wie im Leben
schließlich alles nur Vor- oder Rückschritte macht, nichts
stehenbleibt, so ist halt um dich von Tag zu Tag immer
mehr die Einsamkeit des superioren Menschen.

HANS KARL.

Das ist ja schon wieder ein kolossales Mißverständnis!
*(Er sieht ängstlich nach rechts, wo in der Tür zum Wintergar-
ten Altenwyl mit einem seiner Gäste sichtbar geworden ist.)*

HECHINGEN.

Wie denn? Wie soll ich mir diese Worte erklären?

HANS KARL.

Mein guter Ado, bitt mir im Moment diese Erklärung
und jede Erklärung zu erlassen. Ich bitt dich, gehen wir
da hinüber, es kommt da etwas auf mich zu, dem ich mich
heute nicht mehr gewachsen fühle.

HECHINGEN.

Was denn, was denn?

HANS KARL.

Dort in der Tür, dort hinter mir!

HECHINGEN *(sieht hin).*

Es ist doch nur unser Hausherr, der Poldo Altenwyl –

HANS KARL.

– der diesen letzten Moment seiner Soiree für den gegebenen Augenblick hält, um sich an mich in einer gräß-

lichen Absicht heranzupirschen; denn für was geht man
denn auf eine Soiree, als daß einen jeder Mensch mit dem,
was ihm gerade wichtig erscheint, in der erbarmungslose-
sten Weise über den Hals kommt!

HECHINGEN.

Ich begreif nicht –

HANS KARL.

Daß ich in der übermorgigen Herrenhaussitzung mein
Debüt als Redner feiern soll. Diese charmante Mission
hat er von unserm Club übernommen, und weil ich ihnen
im Kasino und überall aus dem Weg geh, so lauert er hier
in seinem Haus auf die Sekunde, wo ich unbeschützt da-
steh! Ich bitt dich, sprich recht lebhaft mit mir, so ein bissel agitiert, wie wenn wir etwas Wichtiges zu erledigen
hätten.

HECHINGEN.

Und du willst wieder refüsieren?

HANS KARL.

Ich soll aufstehen und eine Rede halten, über Völkerver-
söhnung und über das Zusammenleben der Nationen –
ich, ein Mensch, der durchdrungen ist von einer Sache auf
der Welt: daß es unmöglich ist, den Mund aufzumachen,
ohne die heillosesten Konfusionen anzurichten! Aber lieber leg ich doch die erbliche Mitgliedschaft nieder und
verkriech mich zeitlebens in eine Uhuhütte. Ich sollte einen Schwall von Worten in den Mund nehmen, von denen mir jedes einzelne geradezu indezent erscheint!

HECHINGEN.

Das ist ein bisserl ein starker Ausdruck.

HANS KARL *(sehr heftig, ohne sehr laut zu sein).*

Aber alles, was man ausspricht, ist indezent. Das simple
Faktum, daß man etwas ausspricht, ist indezent. Und
wenn man es genau nimmt, mein guter Ado, aber die
Menschen nehmen eben nichts auf der Welt genau, liegt

doch geradezu etwas Unverschämtes darin, daß man sich
heranwagt, gewisse Dinge überhaupt zu erleben! Um gewisse Dinge zu erleben und sich dabei nicht indezent zu
finden, dazu gehört ja eine so rasende Verliebtheit in sich
selbst und ein Grad von Verblendung, den man vielleicht
als erwachsener Mensch im innersten Winkel in sich
tragen, aber niemals sich eingestehen kann! *(Sieht nach
rechts.)* Er ist weg.
(Will fort.
Altenwyl ist nicht mehr sichtbar.)

CRESCENCE *(tritt auf Kari zu).*

So echappier Er doch nicht! Jetzt muß Er sich doch mit
dem Stani über das Ganze aussprechen.

(Hans Karl sieht sie an.)

CRESCENCE.

Aber Er wird doch den Buben nicht so stehen lassen! Der
Bub beweist ja in der ganzen Sache eine Abnegation, eine
Selbstüberwindung, über die ich geradezu starr bin. Er
wird ihm doch ein Wort sagen.

(Sie winkt Stani, näherzutreten.
Stani tritt einen Schritt näher.)

HANS KARL.

Gut, auch das noch. Aber es ist die letzte Soiree, auf der
Sie mich erscheinen sieht. *(Zu Stani, indem er auf ihn zu-
tritt.)* Es war verfehlt, mein lieber Stani, meiner Suada etwas anzuvertrauen. *(Reicht ihm die Hand.)*

CRESCENCE.

So umarm Er doch den Buben! Der Bub hat ja doch in
dieser Geschichte eine tenue bewiesen, die ohnegleichen
ist.

(Hans Karl sieht vor sich hin, etwas abwesend.)

CRESCENCE.

Ja, wenn Er ihn nicht umarmt, so muß doch ich den Buben umarmen für seine tenue.

HANS KARL.

Bitte das vielleicht zu tun, wenn ich fort bin. *(Gewinnt schnell die Ausgangstür und ist verschwunden.)*

Vierzehnte Szene

CRESCENCE.

Also, das ist mir ganz egal, ich muß jemanden umarmen! Es ist doch heute zuviel vorgegangen, als daß eine Person mit Herz, wie ich, so mir nix dir nix nach Haus fahren und ins Bett gehen könnt!

STANI *(tritt einen Schritt zurück.)*

Bitte, Mamu! nach meiner Idee gibt es zwei Kategorien von Demonstrationen. Die eine gehört ins strikteste Privatleben: dazu rechne ich alle Akte von Zärtlichkeit zwischen Blutsverwandten. Die andere hat sozusagen eine praktische und soziale Bedeutung: sie ist der pantomimische Ausdruck für eine außergewöhnliche, gewissermaßen familiengeschichtliche Situation.

CRESCENCE.

Ja, in der sind wir doch!

(Altenwyl mit einigen Gästen ist oben herausgetreten und ist im Begriffe, die Stiege herunterzukommen.)

STANI.

Und für diese gibt es seit tausend Jahren gewisse richtige und akzeptierte Formen. Was wir heute hier erlebt haben, war tant bien que mal, wenn mans Kind beim Namen nennt, eine Verlobung. Eine Verlobung kulminiert in der Umarmung des verlobten Paares. – In unserm Fall ist das verlobte Paar zu bizarr, um sich an diese Formen zu halten. Mamu, Sie ist die nächste Verwandte vom Onkel Kari, dort steht der Poldo Altenwyl, der Vater der

Braut. Geh Sie sans mot dire auf ihn zu und umarm Sie
ihn, und das Ganze wird sein richtiges, offizielles Gesicht
bekommen.
*(Altenwyl ist mit einigen Gästen die Stiege heruntergekom-
men.*
*Crescence eilt auf Altenwyl zu und umarmt ihn. Die Gäste
stehen überrascht.)*

Vorhang.

Anhang

Editorische Notiz

Der Text der vorliegenden Ausgabe des *Schwierigen* folgt der Edition:

Hugo von Hofmannsthal: Gesammelte Werke in zehn Einzelbänden. Hrsg. von Bernd Schoeller in Beratung mit Rudolf Hirsch. Dramen IV: Lustspiele. Frankfurt a. M.: Fischer Taschenbuch Verlag, 1979.

Nicht mit aufgenommen wurden die dort abgedruckten Varianten des Erstdrucks zum Zweiten (Szene 5) und zum Dritten Akt (Szene 4). Offensichtliche Druckfehler wurden stillschweigend korrigiert.

Die Uraufführung des *Schwierigen* fand am 8. November 1921 im Münchner Residenztheater statt, Inszenierung: Kurt Stieler.

Glossar

Das Glossar enthält jene Ausdrücke, im wesentlichen französischen Ursprungs, die im heutigen Deutsch nicht mehr geläufig sind oder übersetzungsbedürftig erschienen. Vgl. auch das Glossar zur Ausgabe der *Sämtlichen Werke* XII (s. S. 167), S. 571–579.

Abnegation (frz. *abnégation*) Selbstverleugnung
acharniert (frz. *acharné*) erbittert, hartnäckig; hier auch: wütend
adorieren (frz. *adorer*) anbeten, verehren
affichieren (frz. *afficher*) zur Schau tragen, deutlich bekunden; hier auch: ins Gerede bringen
agacieren (frz. *agacer*) reizen, ärgern
Agenden (lat. *agenda*: Dinge, die zu tun sind) geschäftliche Angelegenheiten
agitiert (frz. *agité*) bewegt, unruhig, erregt; hier auch: aufgeregt
aigriert (frz. *aigri*) verbittert; hier auch: verstimmt
air (frz.) Wesensart, Miene; hier: überlegene Art
alliiert (frz. *allié*) verschwägert; hier: verwandt
allure (frz.) Haltung, Umgangsform
jdn. **appuyieren** (frz. *appuyer*) jdn. unterstützen; hier auch: jdm. Protektion geben
assurance (frz.) (Selbst-)Sicherheit
Attachement (frz.) Anhänglichkeit, Zuneigung
sich **attachieren** (frz. *s'attacher à qn*) sich an jdn. binden
sich **attendrieren** (frz. *s'attendrir*) gerührt, weich gestimmt werden
au courant (frz.) auf dem laufenden
au fond (frz.) im Grunde, eigentlich
au pied de la lettre (frz.) buchstäblich, wortwörtlich
avisieren (frz. *aviser*) bekanntgeben, ankündigen
Bassesse (frz.) Niederträchtigkeit, Gemeinheit, Erbärmlichkeit
Bonhomie (frz.) Gutmütigkeit
Boudoir (frz.) elegantes Zimmer einer Dame, Toilettezimmer
bouleversieren (frz. *bouleverser*) erschüttern, aufwühlen; hier auch: aus der Fassung bringen
bras dessus bras dessous (frz.) eingehängt, Arm in Arm

sich **brouillieren** (frz. *se brouiller*) sich zerstreiten, entzweien, miteinander brechen

ça va sans dire (frz.) das versteht sich von selbst

Causeur (frz.) Plauderer, Unterhalter

Chaiselongue (frz.) Liege mit erhöhtem Kopfteil

chipotieren (frz. *se chipoter*: sich herumstreiten) stören, auf die Nerven gehen

jdn. **convoyieren** (frz. *convoyer qn*) jdn. (zum Schutz) begleiten, geleiten; hier: um jdn. herum sein, jdn. umgeben

crispieren (frz. *crisper*) wütend machen, reizen; hier auch: nervös machen

Debütantin (frz. *débutante*) Anfängerin; hier: junge Frau, die zum ersten Mal am Wiener Hofball teilnimmt

delizios (frz. *délicieux*) köstlich, entzückend

depeschieren (frz. *dépêcher*) jdn. schnell zu jdm. schicken; hier: eilig bestellen

dépit (frz.) Verdruß, Ärger

desperat (lat. *desperatus*) verzweifelt, hoffnungslos

Dixhuitième (frz. *dixhuitième [siècle]*) achtzehntes Jahrhundert

echappieren (frz. *échapper*) entweichen, entwischen

sich **echauffieren** (frz. *s'échauffer*) sich erhitzen, sich erregen

égards (frz. *égards*, pl.) Rücksichtnahme, Aufmerksamkeit; hier eher: Höflichkeiten

Elaborat (zu frz. *élaborer*: ausarbeiten, fertigstellen) hier etwa: geistloses Machwerk

élégance (frz.) Anmut, Grazie, Eleganz

sich **enervieren** (frz. *s'énerver*) sich aufregen, nervös werden

enflammiert (frz. *enflammé*) entzündet, leidenschaftlich; hier: entflammt, verliebt

sich **entêtieren** (frz. *s'entêter*) sich versteifen

entre parenthèse (frz., wörtl.: in Klammern) übrigens, nebenbei bemerkt

epatant (frz. *épatant*) verblüffend, großartig

Equilibrist (frz. *équilibriste*) Balancekünstler

expedieren (frz. *expédier*) abfertigen, abschieben; hier: entlassen

fait accompli (frz.) vollendete Tatsache

faute de mieux (frz.) aus Mangel an etwas Besserem

faufilieren (frz. *se faufiler*: sich [ein]schleichen) heranschleichen

frappieren (frz. *frapper*) überraschen, verblüffen

fumo (ital.) Rauch; hier: Stolz, Einbildung (vielleicht vom ital. Sprichwort *molto fumo, pocca carne*: viel Rauch, wenig Fleisch)

gêne (frz.) Verlegenheit; Hemmung

gewinnt schnell die Ausgangstür im Deutschen unüblich, nach frz. *gagner la porte*: die Ausgangstür erreichen, den Raum verlassen (frz. *gagner* wörtl.: gewinnen)

goutieren (frz. *goûter*) schätzen, lieben; hier: Gefallen finden

grande dame (frz., wörtl.: große Dame) Dame von Welt

guignon (frz.) Pech(strähne), Unglück; hier etwa: unglückbringendes Gespenst

heranfaufilieren siehe *faufilieren*

horreur (frz.) Schrecken, Entsetzen, Greuel

hors ligne (frz.) außergewöhnlich, hervorragend

Impromptu (frz. [*discours*] *impromptu*) Stegreifrede, improvisierte Rede; auch: Musikstück in der Art einer Improvisation

indezent (frz. *indécent*) unschicklich, anstößig

insultieren (frz. *insulter*) beleidigen, beschimpfen

jdn. interpellieren (frz. *interpeller qn*) an jdn. eine Anfrage richten

intimidieren (frz. *intimider*) einschüchtern

invitieren (frz. *inviter*) einladen, auffordern; hier auch: das Spiel eröffnen

Konfidenzen (frz. *confidences*, pl.) Vertraulichkeiten

konfundieren (frz. *confondre*) verwechseln, verwirren

jdn. konterkarieren (frz. *contrecarrer qn*) jdn. behindern, jds. Absichten hintertreiben, durchkreuzen

konvenierendenfalls (zu frz. *convenir* / dt. *konvenieren*: angemessen sein, entsprechen) falls es (mir) genehm ist, zusagt

large (frz.) großzügig

malträtieren (frz. *maltraiter*) schlecht behandeln, mißhandeln

menagieren (frz. *ménager*) herbeiführen, zustande bringen

notabene (lat. *nota bene*) Achtung, merke wohl; hier: wohlgemerkt

obstinat (frz. *obstiné*) halsstarrig, eigensinnig, hartnäckig

odios (frz. *odieux*) unausstehlich, widerwärtig

Okkupation (frz. *occupation*) Besetzung, Beschäftigung; hier: Bindung

oktroyieren (frz. *octroyer*) aufzwingen

outriert (frz. *outré*) übertrieben

Paravent (frz.) Wandschirm

Parenthese (frz. *parenthèse*) Einschub, Abschweifung

perorieren (frz. *pérorer*) schwadronieren, weitschweifig reden

perturbieren (frz. *perturber*) stören, durcheinanderbringen; hier auch: beeinträchtigen

pour revenir à nos moutons (frz., sprichwörtl.) um zu unserem Thema zurückzukommen

präokkupieren (frz. *préoccuper*) beunruhigen

Präpotenz (lat. *praepotentia*: sehr große Macht) Überheblichkeit, Anmaßung

Prätention (frz. *prétention*: Anspruch, Forderung) Anmaßung

pressiert sein (frz. *être pressé*) es eilig haben

primo (lat.) erstens

refüsieren (frz. *refuser*) ablehnen

Rekreation (frz. *récréation*) Pause, Zerstreuung, Erholung

sans mot dire (frz.) ohne ein Wort (zu sagen)

secundo (lat.) zweitens

serios (frz. *sérieux*) ernsthaft, bedenklich

Solfège (frz., nach ital. *solfeggio*) auf die einzelnen Tonsilben (*do, re, mi, fa, sol* ...) gesungenes Übungsstück zur Gehör- und Stimmbildung

sous-entendu (frz.) unausgesprochen, zwischen den Zeilen

Spalettür (von österr. *Spalett*: hölzerner Fensterladen aus Lamellen, nach ital. *spalletta*: Brustwehr) Tür in Fensterladenform

Spanponaden (wohl zu ital. *spampanata*) Aufschneidereien, Windbeuteleien

Suada (zu lat. *suadere*: Rat geben) Redeschwall, Beredsamkeit (österr.)

superior (frz. *supérieur*) überlegen

Superiorität (frz. *supériorité*) Überlegenheit

tant bien que mal (frz.) schlecht und recht

tentiert sein (frz. *être tenté*) versucht sein

tenue (frz.) Haltung

terre à terre (frz.) gewöhnlich, alltäglich (auch: materiell, unpoetisch)

timide (frz.) schüchtern

Vestibül (frz. *vestibul*) Vorraum, Diele

vis-à-vis (frz., wörtl.: Auge in Auge) gegenüber

wegexpedieren siehe *expedieren*

Zelebritäten (frz. *célébrité*: Berühmtheit, Ruhm) Berühmtheiten

Literaturhinweise

Erstdruck und weitere Ausgaben

Hugo Hofmannsthal. Der Schwierige. Ein Lustspiel in drei Akten.
In: Neue Freie Presse, Wien. In Fortsetzungen vom 4., 7., 8. April
(I. Akt), 25., 27. Juli – 1. August (II. Akt), 5., 7., 8., 10.–12., 14.–
17. September (III. Akt) 1920.

Hugo von Hofmannsthal. Der Schwierige. Lustspiel in drei Akten.
Berlin: S. Fischer, 1921.

Der Schwierige. Lustspiel in drei Akten. In: Hugo von Hofmannsthal: Gesammelte Werke. Bd. 4. Berlin: S. Fischer, 1924. S. 265–
[449].

Der Schwierige. Lustspiel in drei Akten. In: Hugo von Hofmanns-
thal: Gesammelte Werke in Einzelausgaben. Hrsg. von Herbert
Steiner. Lustspiele II. Stockholm: Bermann Fischer, 1948 [u. ö.].
S. 255–458.

Der Schwierige. Lustspiel in drei Akten. In: Hugo von Hofmanns-
thal: Gesammelte Werke in zehn Einzelbänden. Hrsg. von Bernd
Schoeller in Beratung mit Rudolf Hirsch. Dramen IV: Lustspiele.
Frankfurt a. M.: S. Fischer, 1979. S. 331–439.

Hugo von Hofmannsthal: Sämtliche Werke. Kritische Ausgabe in
38 Bänden. XII: Dramen 10: Der Schwierige. Hrsg. von Martin
Stern in Zsarb. mit Ingeborg Haase und Roland Haltmeier.
Frankfurt a. M.: S. Fischer, 1993.

Forschungsliteratur

Apel, Friedmar: Komische Melancholie, lustige Entfremdung. Zur
Struktur der Komik im neueren Lustspiel. In: Sprache im techni-
schen Zeitalter. 1979. S. 145–170.

Arntzen, Helmut: »Der Schwierige« und der Nörgler: Sprecherphy-
siognomien und Sprachreflexion in Hofmannsthals Nachkriegs-
lustspiel und Karl Kraus' Weltkriegstragödie. In: Wolfram Grod-
deck / Ulrich Stadler (Hrsg.): Physiognomie und Pathognomie:

Zur literarischen Darstellung von Individualität. Festschrift für Karl Pestalozzi zum 65. Geburtstag. Berlin [u. a.] 1994. S. 344–359.

Bahr, Ehrhard: Dezenz der Rede. Zur Sprachproblematik in Hofmannsthals Lustspiel »Der Schwierige«. In: Winfried Kudszus / Hinrich C. Seeba (Hrsg.): Austriaca. Beiträge zur österreichischen Literatur. Festschrift für Heinz Politzer zum 65. Geburtstag. Tübingen 1975. S. 285–297.

Bennett, Benjamin: Hugo von Hofmannsthal. The Theatre of Consciousness. Cambridge 1988. [Dort S. 156–190.]

Burckhardt, Carl Jakob: Zu Hugo von Hofmannsthals Lustspiel »Der Schwierige«. In: Neue Rundschau 71 (1960) S. 133–137.

Cohn, Dorrit: The Misanthrope: Molière and Hofmannsthal. In: Arcadia 3 (1968) S. 292–298.

Cohn, Hilde D.: Die beiden Schwierigen im deutschen Lustspiel. Lessing: »Minna von Barnhelm« – Hugo von Hofmannsthal: »Der Schwierige«. In: Monatshefte 44 (1952) S. 257–269.

Doppler, Alfred: Die Thematisierung der Konversation. Hugo von Hofmannsthals Lustspiel »Der Schwierige«. In: A. D.: Wirklichkeit im Spiegel der Sprache. Aufsätze zur Literatur des 20. Jahrhunderts in Österreich. Wien 1975. S. 65–78.

Emrich, Wilhelm: Hofmannsthals Lustspiel »Der Schwierige«. In: Wirkendes Wort 6 (1955/56) S. 17–25. – Wiederabdr. in: W. E.: Protest und Verheißung. Studien zur klassischen und modernen Dichtung. 3. Aufl. Frankfurt a. M. 1968. S. 223–232. Auch in: Sibylle Bauer (Hrsg.): Hugo von Hofmannsthal. Darmstadt 1968. (Wege der Forschung. Bd. 183.) S. 434–447.

Erken, Günther: Hofmannsthals dramatischer Stil. Untersuchungen zur Symbolik und Dramaturgie. Tübingen 1967. S. 129–138 und passim.

Frühwald, Wolfgang: Die sprechende Zahl. Datensymbolismus in Hugo von Hofmannsthals Lustspiel »Der Schwierige«. In: Jahrbuch der Deutschen Schillergesellschaft 22 (1978) S. 572–588.

Fülleborn, Ulrich: »Zwei Antinomien waren zu lösen …«: Werden und Sein, Individuum und Gemeinschaft im Werk Hofmannsthals. In: Joseph P. Strelka (Hrsg.): Wir sind aus solchem Zeug wie das zu träumen … Kritische Beiträge zu Hofmannsthals Werk. Bern / Berlin / Frankfurt a. M. 1992. S. 169–195.

Gamper, Herbert: Hofmannsthal und Bauernfeld. Ein wahrscheinliches Vorbild zum »Schwierigen«. In: Hofmannsthal-Forschungen 8 (1985) S. 105–127.

Geulen, Hans: Komödien Hofmannsthals. Beobachtungen zum »Schwierigen« und »Unbestechlichen«. In: Helmut Arntzen (Hrsg.): Komödiensprache. Beiträge zum deutschen Lustspiel zwischen dem 17. und dem 20. Jahrhundert. Münster 1988. (Literatur als Sprache. Bd. 5.) S. 99–110.

Greiner, Bernhard: Die Rede des Unbewußten als Komödie. Hofmannsthals Lustspiel »Der Schwierige«. In: The German Quarterly 59 (1986) S. 228–251.

Guidry, Glenn A.: Hofmannsthal's »Der Schwierige«: Language vs. speech acts. In: German Studies Review 5 (1982) S. 305–314.

Iehl, Dominique: Reprise et modification. Aspects de la temporalité dans »L'Homme difficile« de Hugo von Hofmannsthal. In: Etudes Germaniques 53/2 (1998) S. 425–434.

Jauss, Hans Robert: The Paradox of the Misanthrope. In: Comparative Literature 35/4 (1983) S. 305–322.

Joyce, Douglas A.: Hugo von Hofmannsthal's »Der Schwierige«. A Fifty-Year Theater History. Columbia (S. C.) 1993.

Krabiel, Klaus-Dieter: Hugo von Hofmannsthal, »Der Schwierige«: Charakterstück und Gesellschaftskomödie. In: Hans Weber (Hrsg.): Interpretationen: Dramen des 20. Jahrhunderts. Bd. 1. Stuttgart 1996. (Reclams Universal-Bibliothek. Nr. 9460.) S. 258–281.

Mauser, Wolfram: Das »erreichte Sociale« und seine Aporien: »Der Schwierige«. In: W. M.: Hugo von Hofmannsthal. Konfliktbewältigung und Werkstruktur. Eine psychosoziologische Interpretation. München 1977. S. 137–154.

Mayer, Hans: Sprechen und Verstummen der Dichter. In: H. M.: Zur deutschen Literatur der Zeit. Zusammenhänge, Schriftsteller, Bücher. Reinbek 1967. S. 75–88.

Mennemeier, Franz Norbert: Hofmannsthal: »Der Schwierige«. In: Benno von Wiese (Hrsg.): Das deutsche Drama vom Barock bis zur Gegenwart. Bd. 2. Düsseldorf 1960. S. 244–264.

Pape, Walter: »Ah, diese chronischen Missverständnisse«: Hugo von Hofmannsthal: »Der Schwierige«. In: Winfried Freund (Hrsg.): Deutsche Komödien vom Barock bis zur Gegenwart. München 1988. S. 209–225.

Pickerodt, Gerhart: Hofmannsthals Dramen. Kritik ihres historischen Gehalts. Stuttgart 1968. (Studien zur Allgemeinen und Vergleichenden Literaturwissenschaft. Bd. 3.) [Dort S. 213–232.]

Polheim, Karl Konrad: Die dramatische Konfiguration. In: Werner
  Keller (Hrsg.): Beiträge zur Poetik des Dramas. Darmstadt 1976.
  S. 236–259.
Politzer, Heinz: Die letzten Tage der Schwierigen. Hofmannsthal,
  Karl Kraus und Schnitzler. In: Merkur 28 (1974) S. 214–238.
Rösch, Ewald: Komödie und Berliner Kritik. Zu Hofmannsthals
  Lustspielen »Christinas Heimreise« und »Der Schwierige«. In:
  Ursula Renner / G. Bärbel Schmid (Hrsg.): Hugo von Hof-
  mannsthal – Freundschaften und Begegnungen mit deutschen
  Zeitgenossen. Würzburg 1991. S. 163–189.
Rothenberg, Jürgen: »Durchs Reden kommt ja alles auf der Welt
  zustande«. Zum Aspekt des Komischen von Hugo von Hof-
  mannsthals Lustspiel »Der Schwierige«. In: Jahrbuch der Deut-
  schen Schillergesellschaft 21 (1977) S. 393–417.
Schmalstieg, Dieter-Olaf: Moderne Komödie. Phänomenologische
  Studien zu einer Theologie des homo ludens. Diss. Wien 1969.
  S. 81–120.
Schmidt, Adalbert: Anachronistisches in Hofmannsthals Lustspiel
  »Der Schwierige«. In: Viktor Suchy (Hrsg.): Dichter zwischen
  den Zeiten. Festschrift für Rudolf Henz zum 80. Geburtstag.
  Wien 1977. S. 158–166.
Schultz, H. Stefan: Hofmannsthal's »Der Schwierige« and Goethe's
  »Torquato Tasso«. In: Publications of the English Goethe Soci-
  ety. N. S. 33 (1963) S. 130–149.
– Die Prinzessin im Tasso und Helene Altenwyl im »Schwierigen«.
  In: Fritz Hodeige / Carl Rothe (Hrsg.): Atlantische Begegnun-
  gen. Eine Freundesgabe für Arnold Bergstraesser. Freiburg i. Br.
  1964. S. 173–181.
Soehnlein, Heike: Gesellschaftliche und private Interaktionen. Dia-
  loganalysen zu Hugo von Hofmannsthals »Der Schwierige« und
  Schnitzlers »Das weite Land«. Tübingen 1986.
Staiger, Emil: Hugo von Hofmannsthal: »Der Schwierige«. In:
  E. St.: Meisterwerke deutscher Sprache aus dem neunzehnten
  Jahrhundert. 2., verm. Aufl. Zürich 1948. [Erstausg.: Zürich
  1942.] S. 225–259. – Wiederabdr. in: Sibylle Bauer (Hrsg.): Hugo
  von Hofmannsthal. Darmstadt 1968. (Wege der Forschung. Bd.
  183.) S. 402–433.
Steffen, Hans: Hofmannsthals Gesellschaftskomödie »Der Schwierige«. In: H. St. (Hrsg.): Das deutsche Lustspiel. Bd. 2. Göttingen
  1969. (Kleine Vandenhoeck-Reihe. Bd. 277.) S. 125–158.

Stern, Martin: »Der Schwierige«. In: Hofmannsthal-Forschungen 5 (1977) S. 67–83.
– Wann entstand und spielt »Der Schwierige«? In: Jahrbuch der Deutschen Schillergesellschaft 23 (1979) S. 350–365.
– Nur Wiener Aristokraten-Deutsch. Zur Funktion der Französismen in Hugo von Hofmannsthals Lustspiel »Der Schwierige«. In: Recherches germaniques 21 (1991) S. 109–119.
Thieberger, Richard: Das Wiener Aristokraten-Französisch in Hofmannsthals »Der Schwierige«. In: R. Th.: Gedanken über Dichter und Dichtungen. Essays aus fünf Jahrzehnten. / Les textes et les auteurs. 50 années de réflexions sur la littérature. Hrsg. von Alain Faure. Bern / Frankfurt a. M. 1982. S.107–117.
– Das Schwierige am »Schwierigen«. In: Ebd. S. 119–134.
Vogel, Juliane: Comedia con sordino. Zum Verschwinden des Gelächters aus den Komödien von Hugo von Hofmannsthal. In: Siegfried Jäkel / Asko Timonen (Hrsg.): Laughter Down the Centuries. Bd. 1. Turku 1994. S. 201–214.
Werner, Hans-Georg: Hofmannsthals »Der Schwierige« als ernsthaftes Lustspiel. In: Herbert Zeman (Hrsg.): Die österreichische Literatur. Ihr Profil von der Jahrhundertwende bis zur Gegenwart (1880–1980). Tl. 2. Graz 1989. S. 875–888.
Wittmann, Horst: Hofmannsthals »Der Schwierige«. Die Potentialität des Leichten. In: Seminar 10 (1974) S. 274–297.
Wucherpfennig, Wolf: »Der Schwierige« und »Der Menschenfeind«. Zur Auffassung des Individuums bei Molière und Hofmannsthal. In: Colloquia germanica (1969) S. 269–301.
Yates, William Edgar: Hofmannsthal und die österreichische Tradition der Komödie. In: Hofmannsthal-Forschungen 7 (1983) S. 181–197.

Nachwort

»Sprechen ist ein ungeheurer Kompromiß«
Hugo von Hofmannsthals Lustspiel *Der Schwierige*

Als die Gesellschaftskomödie *Der Schwierige* endlich büh-
nenreif war und 1921 am Münchner Residenztheater urauf-
geführt wurde, hatte sich die österreichische Aristokratie,
die hier noch einmal ihren Auftritt bekommt, längst von
der politischen Bühne verabschiedet. Der Wiener Dichter
Hugo von Hofmannsthal (1874–1929) setzt ihr mit seinem
Schattenkabinett abgelebter Figuren ein Denkmal und über-
eignet sein Stück jenen nicht minder fragwürdigen ›Neuhoffs‹, die die Geschäfte des 20. Jahrhunderts führen. Was
nach ›Tod und Verklärung‹ aussieht, ist die in mehr als zehn-
jähriger, immer wieder unterbrochener Arbeit umkreiste
Frage: Haben so ›schwierige‹ Gestalten wie ein Graf Bühl
und eine Gräfin Altenwyl mit ihrem so skrupulösen Verhältnis »zur Rede und zur Tat«[1] etwas zu tradieren?
  Für ein solches Planspiel ist kein konkretes historisches
setting nötig, sondern ›Gesellschaft‹ muß als Spielfigur
sichtbar werden. Hofmannsthal besteht auf ihrem Zeichen-
charakter: »Das Gesellschaftliche kann und darf man nur
allegorisch nehmen. Hier läßt sich das ganze Gesellschaftliche der neueren Zeit [...] als eine große Mythologie
zusammenfassen.«[2] So ist *Der Schwierige* in guter Gesellschaft mit Hofmannsthals anderen Dramen und Libretti,

1 Hofmannsthal in einem Brief an Raoul Auernheimer vom 20. 10. 1921;
  Hugo von Hofmannsthal, *Sämtliche Werke* XII, *Dramen* 10: *Der Schwierige*, hrsg. von Martin Stern in Zsarb. mit Ingeborg Haase und Roland Haltmeier, Frankfurt a. M. 1993, S. 513.
2 Hugo von Hofmannsthal, *Reden und Aufsätze* III, hrsg. von Bernd Schoeller und Ingeborg Beyer-Ahlert in Beratung mit Rudolf Hirsch, Frankfurt a. M. 1980, S. 251.

die sich, äußerlich jedenfalls, kaum um Historisch-Politisches kümmern.

Dennoch sind ›Zeit‹ und ›Ort‹ deutlich markiert: »Mittelgroßer Raum eines Wiener älteren Stadtpalais, als Arbeitszimmer des Hausherrn eingerichtet« – eine solche Eröffnung weist auf das Spannungsfeld von Herrensitz und Arbeit, von alter ständischer und moderner Leistungsgesellschaft. Daß gleichwohl keine präzise Rekonstruktion der historischen Zeit nach dem Ende des Ersten Weltkriegs möglich ist, hat aber nur die Forschung beunruhigt. Wenn darüber hinaus die Figuren in einer dem Aristokratendeutsch abgelauschten Sprache Konversation treiben, wenn die Französismen wie eine Patina das Tableau dieser Gesellschaft überziehen, so hören wir ganz entsprechend keinen naturalistischen Soziolekt, sondern sind ebenfalls im Bereich des ›Allegorischen‹, einer theatralen Semiotik. Hier wird eine Art ›Familiensprache‹ inszeniert, mit der diese Gruppe sich von anderen absetzt. Sie ist eine komplexe Kunstfigur. »Die Gesellschaft in einer Komödie so behandeln, wie Poussin die Landschaft behandelt hat«, notiert Hofmannsthal mit Blick auf den *Schwierigen*.[3] Einzelne Elemente, heißt das für ihn, ordnen sich durch die Wechselwirkung ihrer beziehungsreichen Formen zu einem gestalthaften Ganzen. Zusammengehalten wird es nurmehr durch den (dekorativen) Rahmen seiner Soireen. Das Terrain dieser untergegangenen (Abendland-)Gesellschaft ist der Salon, in dem kommunikatives Handeln aus Konversation besteht. Mit anderen Worten: das Stück hat alle Zutaten für ein beschwingtes Salonstück. *Der Schwierige* ruft das Genre denn auch auf und wertet es um, indem er sein Merkmal – belangloses Geplauder im halböffentlichen Raum – zum Anlaß nimmt, über das Sprechen und das menschliche Miteinander höchst subtil zu reflektieren. »Konversation« und »Konfusion« sind denn auch die dominierenden ›Französismen‹ des Textes.

3 August 1917; *Reden und Aufsätze* III, S. 538.

Dachte über das nach, was mir vorgestern abends
Stauffenberg über die Fürstin Lichnowsky gesagt hat:
Daß Sprache überhaupt eine ihr nicht gemäße (wenngleich die einzige zur Verfügung stehende) Form, sich
zu äußern. Kann ich verstehen. Es führt mich weiter:
Sprechen ist ein ungeheurer Kompromiß, für jeder-
mann – nur wird dies selten bewußt, weil es das *allge-
meine* Verständigungsmittel darstellt.
[...] dachte: Komödie hat das Zusammensein – das
Koexistieren der Menschen zum Gegenstand, worin
nun freilich auch Mystisches liegt.[4]

Als Hofmannsthal diese Gedanken im Herbst 1909 in seinem *Tagebuch* festhielt, entstanden die ersten Entwürfe
zum *Schwierigen*.[5] Die Notiz darf man wohl als seine
Keimzelle bezeichnen. Gleichwohl, der »Kompromiß des
Sprechens« und das Phänomen des »Koexistierens«, Kommunikation und Interaktion also, beschäftigten Hofmannsthal lebenslang. In seinen Essays und Aufzeichnungen, besonders aber in seinem dramatischen Werk hat er sie immer
wieder verhandelt.

I

Wie diese Themen in den Spiel-Raum des Theaters einge-
bettet werden, zeigt das ungleiche Dienerpaar, das nach
klassisch-komödiantischer Manier das Stück eröffnet. Der
bewährte alte Diener Lukas und Vinzenz, der unmögliche
neue, sprechen nicht miteinander, sondern reden aneinander

---

4 5. 10. 1909; *Reden und Aufsätze* III, S. 502.
5 Direkt zum Lustspiel heißt es dann: »Der Schwierige / Detail: Er versteht
  sich mit Helene sehr darin dass sie die Sprache ein *unmögliches* Verständigungsmittel finden, wenngleich es das einzige existierende ist – [...].« Über
  die komplizierte Entstehungsgeschichte, Anregungen, intertextuelle Bezüge
  und Varianten informiert die von Martin Stern herausgegebene kritische
  Ausgabe, *Sämtliche Werke* XII, hier S. 228.

vorbei – jeder hat natürlich etwas anderes im Sinn. Das alte
Faktotum Lukas sucht mit Noblesse in die Ticks und Gewohnheiten seines Herrn einzuweisen (der kramt in Schub-
laden, wenn er schlecht gelaunt ist, hängt Bilder grade,
taucht plötzlich im Zimmer auf ...), in jene den Worten gegenüber so viel verläßlichere Körpersprache.

Dem neuen Diener geht es nur um eines: er muß heraus-
finden, was sein Dienstherr vorhat, damit er seine eigene
Zukunft planen kann. Wenn Hans Karl nämlich heiratet,
muß er seine Koffer packen, und aus dem ruhigen Altersjob
wird nichts. Insofern deckt sich seine Grundfrage mit der
dieser wie beinahe aller Komödien: Wird hier geheiratet?
Wenn Hans Karl schon bald Vinzenz' Hinauswurf ankün-
digt, darf man das als subtilen Wink verstehen. Die Verlobung beschließt denn auch das Stück, und Karis Neffe
Stani, der beiläufig selbst auf die Idee kam, die Braut zu
ehelichen, bekommt das letzte Wort: »Was wir heute hier
erlebt haben, war [...], wenn mans Kind beim Namen
nennt, eine Verlobung.«

Das Kind beim Namen nennen; die Dinge so ausdrücken,
daß, was man meint, verstanden wird; weiß man aber
immer, was man meint? Dies alles reflektiert Hofmannsthals Komödie im Rahmen einer Verlobungsgeschichte. Am
Ende ist das Kind endlich beim Namen genannt, aber, da
wir es mit einem, wenn nicht zwei ›Schwierigen‹ zu tun haben, läuft diese Prozedur anders ab, als man es für ein solches Ereignis erwarten würde. »Eine Verlobung kulminiert
in der Umarmung des verlobten Paares. – In unserm Fall ist
das verlobte Paar zu bizarr, um sich an diese Formen zu
halten.« So jedenfalls sieht Stani die Sache ...

Für die Umarmung, erklärt er bündig (und belegt unter
der Hand Karis Satz, daß Reden »auf einer indezenten
Selbstüberschätzung« beruht), gibt es zwei mögliche »Kategorien von Demonstrationen. Die eine gehört ins strikteste
Privatleben: dazu rechne ich alle Akte von Zärtlichkeit zwischen Blutsverwandten. Die andere hat sozusagen eine

praktische und soziale Bedeutung: sie ist der pantomimische Ausdruck für eine außergewöhnliche, gewissermaßen
familiengeschichtliche Situation.« Indem Stani den Gesten
der Zärtlichkeit, die zu einer Verlobung gehören, verschiedene Räume zuordnet, bezeugt er, daß sie Teil einer geregelten Zeichensprache (Codes) sind: Für die Unterhaltung der
Herzen mit ihren Küssen und Umarmungen gilt ausschließlich der private Raum, für den öffentlichen Raum gilt
die Sprache der Konvention mit ihrem rituellen Zeichen der
Umarmung. Die Frage stellt sich, wo die wahre Herzens-
sprache bleibt, die »ins Fleisch schneidet«, wie Helene am
Ende des Stückes sagen wird. Sie hat in einer Gesellschaft,
die auf »Demonstrationen« von Gefühl aus ist und dieses in
Oppositionen ordnet und organisiert, keinen Ort. So ist es
nur konsequent, daß das Brautpaar fehlt, als es um den
demonstrativen Verlobungskuß geht, daß aber die Gesellschaft – das ist der Vorteil von Riten – sich mit Stellvertre-
tern behelfen kann.

Das unmögliche Paar umarmt und küßt sich in dem ganzen Stück nicht ein einziges Mal (Hofmannsthal hat den
Kuß im Manuskript wieder gestrichen), es berührt sich noch
nicht einmal. Das heißt, dieses schwierige Paar streikt doppelt: Es verweigert die gesellschaftlich angeordnete Geste
der Umarmung ebenso wie die zugelassene private. Es
beansprucht einen individuellen Raum für das Ereignis
›Liebe‹ mit seiner strikt zweiteiligen Struktur der Beziehung eines/r Liebenden zu einer/m Geliebten. Wo dieser
Raum sein könnte, läßt der Text offen. Vielleicht hat die
nicht-demonstrative Umarmungsgebärde auch längst stattgefunden, für aller Augen unsichtbar – an jenem anderen
Ort der Sprache ...

Um am Ende eine aus den Fugen geratene Situation wieder kommunizierbar zu machen, schlägt Stani vor, daß wenigstens die Schwester des Bräutigams und der Brautvater
sich umarmen: »Mamu, Sie ist die nächste Verwandte vom
Onkel Kari, dort steht der Poldo Altenwyl, der Vater der

Braut. Geh Sie sans mot dire auf ihn zu und umarm Sie ihn,
und das Ganze wird sein richtiges, offizielles Gesicht bekommen.« Die rituelle Geste kann die sprachliche Mittei-
lung, *sans mot dire*,[6] ersetzen, obwohl, das ist die ironische
Pointe, nicht ganz störungsfrei. Denn wenn das Stück mit
der stummen Umarmung der Substitute beschlossen wird,
stehen die Gäste »überrascht« da. Diesen dramatischen Hia-
tus aufzulösen und der Verlobungspantomime ihre gesellschaftliche Anerkennung zu gewähren, übernehmen nicht
mehr die Bühnenfiguren, sondern die Zuschauer mit ihrem
Beifall, wenn der Vorhang fällt.

II

Der Komödienrahmen entwirft die Frage nach Hans Karls
Eheschließung; am Ende steht die in bezug auf die Zeichensprache eines solchen Rituals höchst unzulängliche, für
das Paar jedoch höchst bedeutsame und glückliche Verlobung. Dazwischen entfaltet der Spiel-Raum dreier Akte das
Thema des Sprechens als ein »ungeheurer Kompromiß«
und das nicht minder schwierige Thema des »Koexistierens« mit anderen. Hofmannsthals Lustspiel wird hier zur
Versuchsanordnung eines Paradoxes. Denn das Sprechen,
von dem Hans Karl sagt, daß es ganz unzureichend sei, ist
das Medium, durch das, wie er ebenfalls sagt, doch »alles

---

6 Stanis französischer Schlenker inszeniert noch einmal – ironisch – das
Thema des Stückes. Und er beruft sich unbewußt dabei auf die uralte Differenz von Wortsprache und Ritus: »An Präzision und Behendigkeit ist die
Wortsprache dem schwerfälligen Ritus ja unendlich überlegen. Ein Wort, ein
Ausruf ersetzt einen ganzen umständlichen Kriegstanz. Doch eben wegen
der Beweglichkeit eignet der Sprache auch die Unverbindlichkeit, die Möglichkeit des Mißbrauchs und der Täuschung in besonderem Maße. Darum
greift, gegenläufig zur rationalen Beschleunigung der Kommunikation, die
Gesellschaft doch wieder auf das Ritual zurück. [...] Noch gibt es keine Gemeinschaft ohne Ritual.« Walter Burkert, *Homo Necans. Interpretationen
altgriechischer Opferriten und Mythen*, 2., um ein Nachw. erw. Aufl. Berlin / New York 1997, S. 44 f.

auf der Welt zustande« kommt – etwa ein Paar, wie in diesem Falle.

Hofmannsthal hat verschiedentlich auf die Familienähn-
lichkeit des ›schwierigen‹ Kari mit seinem berühmten
Sprachskeptiker, Philipp Lord Chandos, hingewiesen und
auch sich selbst in diese Reihe gestellt:

> Es ist das Problem, das mich oft gequält u. beängstigt
> hat (schon im »Tor u. Tod«, am stärksten in dem
> »Brief« des Lord Chandos [...]) – wie kommt das ein-
> same Individuum dazu, sich durch die Sprache mit der
> Gesellschaft zu verknüpfen, ja durch sie, ob es will
> oder nicht, rettungslos mit ihr verknüpft zu sein? –
> und weiterhin: wie kann der Sprechende noch handeln
> – da ja ein Sprechen schon Erkenntnis, also Aufhebung
> des Handelns ist – – mein persönlicher mich nicht los-
> lassender Aspect der ewigen Antinomie vom Sprechen
> und Tun, Erkennen u. Leben [...].[7]

Zwei Fragen beschäftigten den Autor. Die eine gilt der So-
zialisierung durch Sprache: Muß nicht das Individuum sein
Wesentliches, das Nicht-Verallgemeinerbare, aufgeben, um
in den verallgemeinerten Wortverkehr einzutreten? Diese
Frage hat nicht aufgehört, paradox zu sein; sie hat sich, im
Gegenteil, inzwischen als beinahe selbstverständlicher Widerspruch etabliert (Lacan). Die andere Frage gilt der Hemmung durch Sprache: Wie kann ein Sprechender noch handeln? Diese Frage erscheint heute wohl kaum mehr paradox, seitdem die Linguistik auch den pragmatischen Aspekt

---

7 An Anton Wildgans, dem damaligen Direktor des Burgtheaters, 14. 2. 1921;
  Sämtliche Werke XII, S. 504. Den Zusammenhang mit dem Chandos-Brief
  nennt Hofmannsthal schon in einem ganz frühen Stadium des Stückes:
  »R(odaun) 13 I 1910 / Der Schwierige / Hans-Karl zweifelt an dem Festen
  Gegebenen. Die Unterschiede, die couranten Unterschiede zwischen den
  Menschen, auch die Couranten Wertungen sind ihm abhanden gekommen
  (vergl. ›ein Brief‹) [...] / Im Laufe des Stückes erfolgt seine *Cur*: sie ist freilich so sonderbar wie die Rettung Münchhausens aus dem Sumpf.« *Sämtliche Werke* XII, S. 223.

bedacht hat, daß alles Sprechen immer auch ein Handeln ist, daß alle Kommunikation auf Sprechakten oder Sprechhandlungen beruht (Searle/Austin).

Hofmannsthal ist als Stückeschreiber auf die Lösung gekommen, den Begriff der ›Absicht‹ als einen Angelpunkt für Sprechen und Handeln einzuführen. Es macht den Schwierigen schwierig, daß er – vergleichbar Musils Mann ohne Eigenschaften – ein »Mann ohne Absicht« ist, wie das Stück einmal heißen sollte.[8]

Tatsächlich macht die Intention einen Unterschied in der Kommunikation.[9] Und sie macht einen Unterschied für die Zurechnung von Handlungen. Wo das Moment der erkennbaren Absicht entfällt, entstehen Leerstellen. Entsprechend werden solche Menschen von anderen ›programmiert‹, und zudem werden sie höchst widersprüchlich beurteilt. Hans Karl wird mit Aufträgen anderer überhäuft, die ihn für ihre Interessen benutzen. Und er wird als Idealist, als ein Nichts, als Hypochonder, als jemand »mit einem obstinaten Widerspruch in sich« u. a. m. charakterisiert. Man könnte ihn als einen »geometrischen Ort fremder Geschicke« (Hofmannsthal) bezeichnen; ›Erwartungscollagen‹ nennt Claude Lévi-Strauss solche Menschen:

> Ich habe nie ein Gefühl meiner persönlichen Identität gehabt, habe es auch jetzt nicht. Ich komme mir vor wie ein Ort, an dem etwas geschieht, an dem aber kein Ich vorhanden ist. Jeder von uns ist eine Straßenkreuzung, auf der sich Verschiedenes ereignet. Die Straßen-

8 Der endgültige Titel zeigt deutlicher die Reminiszenz an die Molièresche Typenkomödie, die am Helden einen Charakterzug exponierte und dem Gelächter preisgab. Beides wird jedoch bei Hofmannsthal nicht mehr gestaltet, sondern nur noch als intertextuelle Folie sichtbar, so wie auch der Clown Furlani seine Späße nicht mehr auf der Bühne treibt, sondern nur indirekt durch die Erzählung Hans Karls, in einem modernen ›Botenbericht‹ also, präsentiert wird.

9 Vgl. Nils Lenke / Hans-Dieter Lutz / Michael Sprenger, *Grundlagen sprachlicher Kommunikation. Mensch – Welt – Handeln – Sprache – Computer*, mit einem Beitr. von Heike Hülzer-Vogt, München 1995, S. 123.

kreuzung selbst ist völlig passiv; etwas ereignet sich darauf.[10]

Es zeigt sich, daß gerade das Sprechen dessen, der ›keine eigenen Absichten‹ verfolgt, voll von ›Unabsichtlichem‹ ist, von Fehlleistungen und Paradoxa.[11] Schon die Jahrhundertwende hat sie als ›Rede des Unbewußten‹ gelesen.[12] Deshalb löst Hans Karl, wie er richtig bemerkt, nur Verwirrungen und Mißverständnisse aus: »ich, ein Mensch, der durchdrungen ist von einer Sache auf der Welt: daß es unmöglich ist, den Mund aufzumachen, ohne die heillosesten Konfusionen anzurichten«.

Was die moderne Wissenschaft ›gestörte Kommunikation‹ nennt, ist im Spielfeld der Komödie gerade das Komische. Auf der Figurenebene ist sie eine Chance für den, dem die Sprache des anderen dennoch ›etwas sagt‹. Genregemäß gelingt das zumeist nur einer Person; einzig Helenes scharfsichtiger (unverblendeter!) Liebesblick kann Hans Karl ›verstehen‹ und ihn dadurch zu sich selbst bringen.

Paradebeispiel gestörter Kommunikation ist nach der Ideologie des *Schwierigen* die Konversation. »Wir haben alle Ursache, wir jüngeren Menschen, wenn uns vor etwas auf der Welt grausen muß, so davor: daß es etwas gibt wie Konversation: Worte, die alles Wirkliche verflachen und im Geschwätz beruhigen.« Die Konversation ist Helene so verdächtig, weil sie eine stark normierte Umgangsform ist. Rhetorik, ritualisiertes Sprechen, Höflichkeitsfloskeln und Redestrategien bilden ein Netz der Vergesellschaftung, bei der das ›einsame Individuum‹ mit seinen Erfahrungen zu

10 Claude Lévi-Strauss, *Mythos und Bedeutung*, Frankfurt a. M. 1980, S. 15.
11 Nach dem Verständnis der rhetorischen Tradition bezeichnet die Paradoxie eine Kommunikation, »die Inkompatibles zugleich verwenden möchte und sich dadurch der Anschlußfähigkeit beraubt«. Niklas Luhmann / Peter Fuchs, *Reden und Schweigen*, 2. Aufl. Frankfurt a. M. 1992, S. 8.
12 Vgl. Bernhard Greiner, »Die Rede des Unbewußten als Komödie. Hofmannsthals Lustspiel *Der Schwierige*«, in: *German Quarterly* 59 (1986) S. 228–251, 240 f.

kurz kommt. Dagegen haben nun Helene und Hans Karl,
Verwandte nicht nur im familialen Sinn, Schutzmechanis-
men entwickelt: Helene benutzt ihr ›Artigsein‹ (»Sie sind so
delizios artig«, sagt Hans Karl), eine hinter »Manieren« ge-
tarnte Form, sich »die Leut vom Hals zu halten« (sagt Helene). »Manieren sind Mauern, mit Spiegeln verkleidet«,
sagt Hofmannsthal.[13] Hans Karl begegnet seinerseits dem
Gerede und den Zumutungen durch ein Redeverhalten, das
sein Inneres zu verstecken sucht – im äußersten Fall mit
Schweigen, was ihn aber beinahe sein Glück kostet. Die
Unterschiede sind bezeichnend: Helene entwickelt im Sprechen Handlungsstrategien, Hans Karl entwickelt Abwehr-
strategien. Beide schaffen sie so Distanz zu anderen – ein
(konträres) Paar. Gegenüber der bedenkenlos konversieren-
den Gesellschaft sind sie damit Außenseiter, ohne ausge-
schlossen zu sein. Im Rahmen dessen, was diese Gesellschaft an Marotten toleriert oder sogar fasziniert (würde
Stani sonst Hans Karl kopieren?), sind sie sogar integriert.
Auch die Subversion kommt bei Hofmannsthal auf leisen
Sohlen, ›diskret‹, daher.

                                III

Wie kann unter diesen Voraussetzungen eine so exempla-
rische Sprechhandlung wie ein Eheversprechen inszeniert
werden? Akt II,14 treibt das Durcheinander auf die Spitze
und führt die Klärung herbei: Kari hat den Auftrag übernommen, Helene seinen Neffen Stani als Bräutigam vorzu-
schlagen. Als habe es keine Unterbrechung gegeben, als sei
alles dazwischenliegende Geschehen nebensächlich, als laufe
›selbstredend‹ der Dialog mit Helene unterschwellig weiter,
knüpft er an das erste Gespräch – »Was können Sie mit mir

---

13 Und vorher: »den Manieren liegt eine tiefsinnige Conception von der
   Notwendigkeit der Isolierung bei scheinbarem […] Contact zu Grunde«;
   Sämtliche Werke XII, S. 194.

zu reden haben?« – an. Befragt, ob es »etwas sehr Ernstes«
sei, antwortet er:

> Es kommt vor, daß es einem zugemutet wird. Durchs
> Reden kommt ja alles auf der Welt zustande. Aller-
> dings, es ist ein bißl lächerlich, wenn man sich einbil-
> det, durch wohlgesetzte Wörter eine weiß Gott wie
> große Wirkung auszuüben, in einem Leben, wo doch
> schließlich alles auf das Letzte, Unaussprechliche an-
> kommt. Das Reden basiert auf einer indezenten Selbst-
> überschätzung.

Während Helene nach dem »Was« fragt, spricht Hans Karl
vom »Daß« und räsoniert, wie schwierig das Reden sei.
Wieder zeigt sich eine bemerkenswerte Differenz: Während
sie sich für den Gedanken interessiert, weicht er auf das
Nachsinnen über die Schwierigkeit von Sprechakten aus –
und das trägt durchaus komische Züge und läßt an den
Clown Furlani denken, der einen Blumentopf auf der Na-
se balanciert, jene heiter-melancholische Spiegelgestalt und
Wunschfigur, die Hans Karls Erinnerung hervorzaubert.
Karis beziehungstechnische Akrobatik verzögert das
Ganze, andererseits trifft er mit seinen Äußerungen zum
Problem des Sprechens den geheimen Kern des Stückes.
1., sagt er, wird das Sprechen einem von anderen (die damit ihre Absichten verfolgen) zugemutet; 2. gibt es nur das
Reden, wenn man, wie er einmal sagt, ›von einer Sache zur
anderen‹ kommen will; 3. darf man die Wirkung des Redens
nicht überschätzen, denn 4. ist alles Entscheidende unsag-
bar. Reden ist also, Fazit, Ausdruck der Selbstüberschätzung oder eben »ein ungeheurer Kompromiß«.
Helene stimmt zu (»Wenn alle Menschen wüßten, wie
unwichtig sie sind, würde keiner den Mund aufmachen«),
bringt also Inhaltsaspekt und Beziehungsaspekt in Ein-
klang. Hans Karl fühlt sich verstanden und wendet das um
in ein Kompliment (»Sie haben so einen klaren Verstand«).
Doch statt solcherart geglückte Kommunikation zu genie-

ßen und womöglich Konsequenzen daraus zu ziehen, baut er eine neue Hürde in den Gesprächsparcours, die rätselhafte Behauptung nämlich: Wenn man sich versteht, dann »muß man sehr achtgeben«!

Noch immer verbirgt Kari sich unter dem Schutzmantel des unpersönlichen »man«, bis Helene ihn in ihrer hartnäckig nachfragenden Art zum »Ich«-Sagen bewegt. Dies ist vielleicht ihre erste Tat, die belegt, daß durchs Reden »alles zustande kommt«. Doch vorerst ist es noch nicht soweit, das Gespräch bewegt sich aber darauf zu. Bedingung ist, daß die kluge Helene sich nicht irritieren läßt. Sie bestätigt Hans Karl und zwingt ihn gleichzeitig, seine eigenen – dunklen oder widersprüchlichen – Aussagen zu kommentieren oder zu konkretisieren. Warum, will Helene berechtigterweise wissen, ›muß man achtgeben‹, wenn man sich mit jemandem ›versteht‹? Sie schaut ihn dabei an, so die Bühnenanweisung. Mit ihrer Körpersprache unternimmt Helene eben das, was nur ihr gelingt: Dieses paradoxale ›Zu-sich-selber-Bringen‹ durch ein ›Fixieren‹ ohne Freiheitsentzug.

HANS KARL. [...] Sympathie ist ganz gut, aber auf ihr herumzureiten, wäre doch namenlos indiskret. Darum muß man doch gerade auf der Hut sein, wenn man das Gefühl hat, sich sehr gut zu verstehen.

HELENE. Das müssen Sie tun, natürlich. So ist Ihre Natur. Wer sich einfallen ließe, Sie fixieren zu wollen, wäre schon verloren. Aber wer glaubt, daß Sie ihm für immer adieu gesagt haben, dem könnte passie-, daß Sie ihm wieder guten Tag sagen.

Karl bemüht hier die Kategorie des ›Diskreten‹, eine e Kategorie im Zwischenraum der beiden: Hans ill ›diskret‹ sein, er will Rücksichtnahme, Takt und wiegenheit walten lassen, um Helene vor Sympathiedungen zu schützen. Es sind Strategien, die das eigene

wie das Bild des anderen wahren wollen. Keine Turbulen-
zen der Gefühle, keine glück- oder konflikthaften Spannun-
gen sollen sichtbar werden.

Helene ist diskret, aber nicht still. Sie bestätigt Hans Karl
in seiner Maxime, und sie interpretiert: Er müsse so sein,
das sei seine Natur. Dies erkläre sein widersprüchliches Verhalten. Sie hat also mehrere hermeneutische Schlüssel für
sein Verhalten, die sie ihrer Klugheit und ihrer Beobach-
tungsgabe verdankt. Seine Ambivalenz nämlich deutet sie
zum einen aus einer Innensicht als ›Natur‹, zum anderen
aus einer Außensicht als unberechenbares Verhalten. Sie
stellt die beiden Sichtweisen ohne Konjunktion nebeneinan-
der – eine schöne Geste toleranten Geltenlassens, die auf
kausale Erklärungsversuche, auf Rationalisierung also, ver-
zichtet. Schließlich erweitert sie die Perspektive, indem sie
ihn auf seine Lieblosigkeit Frauen gegenüber hinweist. Sie
führt einen moralischen Aspekt ein und darin den der sozialen ›Koexistenz‹, des immer mitbetroffenen anderen:
»Sie verbrauchen auf Ihre Art die armen Frauen, aber Sie
haben sie gar nicht sehr lieb. Es gehört viel Contenance
dazu oder ein bißl Gewöhnlichkeit, um Ihre Freundin zu
sein.« Bindungsunfähigkeit, das Sich-nicht-fixieren-Lassen
– ein Grundzug der Hofmannsthal anhaltend beschäftigen-
den Casanova-Gestalt mit ihrer narzißtischen ›Lieblosigkeit‹ – läßt sich auf seiten der Frauen nur durch Selbst-
disziplin (Contenance) oder Libertinage (Gewöhnlichkeit)
ertragen. Der harte Vorwurf lockt Hans Karl nunmehr aus
der Reserve: »Wenn Sie mich so sehen, dann bin ich Ihnen
ja direkt unsympathisch!« Sein Ich-Sagen und die konditio-
nale »wenn … dann«-Schlußfolgerung bedeutet unter dem
Beziehungsaspekt eine neue Stufe: Hier wird in der Sprache
ein Ich/Du-Verhältnis entworfen. Die chiastische Konstruktion von ›Sie – mich‹ vs. ›ich – Ihnen‹, also die Gegen-
überstellung von Personalpronomen und Reflexivprono-
men, bezeugt eine – spiegelhafte – Verbindung, noch bevor
sie bewußt und ausgesprochen ist. Nicht die Bedeutung der

Wörter transportiert hier die Botschaft, sondern die Konstruktion des Satzes, seine rhetorisch-grammatikalische Ge-
stalt. Sie erweist sich als Vermittlerin eines Wissens, das das
Bewußtsein der sprechenden Figuren noch nicht erreicht
hat. Das Sprechen verbirgt (semantisch) und enthüllt (for-
mal) zugleich.

Auf der Inhaltsebene steht hier Sympathie gegen potenti-
elle Nicht-Sympathie: Helene fängt das drohende Ungleich-
gewicht auf, indem sie Hans Karl – sehr milde – mit einem
charmanten Kind vergleicht. Sie ermöglicht ihm so das Ein-
geständnis seiner Unsicherheit, der Preisgabe von etwas In-
nerem, das er wie nichts sonst zu verbergen (oder schützen)
bemüht ist:

> Wie ein Kind? Und dabei bin ich nahezu ein alter
> Mensch. Das ist doch ein horreur. Mit neunundrei-
> ßig Jahren nicht wissen, woran man mit sich selber
> ist, das ist doch eine Schand.
> HELENE. Ich brauchte nie nachzudenken, woran ich
> mit mir selber bin. Bei mir ist wirklich gar nichts
> los, es ist nichts da als ein anständiges, ruhiges Be-
> nehmen.

Die beiden tauschen sich über ihre Verschiedenheit aus,
ohne daß einer den anderen ›touchiert‹. Man ist unter sich:
Der Mann sinniert über seine nicht gefundene Erwachse-
nen-Position zwischen Kind und Mann an der Schwelle
zum Altwerden, die Frau über ihre monadische Existenz,
ihr Ruhen in sich selbst. (Eine Differenz, die an die zeit-
genössische asymmetrische Geschlechterideologie der Jahrhundertwende anknüpft.) Jedenfalls ist die im Gespräch gewonnene Überzeugung, daß diese Frau jede Beziehung mit
einem Mann unbeschädigt werde überstehen können, der
Anlaß für Hans Karl, sich auf seinen Auftrag als Heiratsver-
mittler zu besinnen.

Selber ein »Mann ohne Absicht«, präsentiert er Helene
seine Kandidaten: ein Leporello der Beliebigkeit, das diese

Herren sofort wieder ins *off* befördert. Helenes Einmalig-
keit läßt für Hans Karl alle Männer austauschbar erscheinen
– ein virtueller Vernichtungsschlag und eine geheime Ret-
tungsphantasie:

> Alles an Ihnen ist besonders und schön. Ihnen kann ja
> gar nichts geschehen. Heiraten Sie wen immer, heiraten
> Sie den Neuhoff, nein den Neuhoff, wenn sichs ver-
> meiden läßt, lieber nicht, aber den ersten besten fri-
> schen Menschen, einen Menschen wie meinen Neffen
> Stani, ja wirklich Helene, heiraten Sie den Stani, [...]
> Ihnen kann ja gar nichts passieren. Sie sind ja unzer-
> störbar [...].

Helene läßt sich auf diesen Diskurs der paradoxalen Bot-
schaften nicht ein und zwingt Hans Karl, zur Sache zu sprechen. Das aber gelingt nur bedingt:

> an Ihnen ist ja nicht die Schönheit das Entscheidende,
> sondern etwas ganz anderes: in Ihnen liegt das Not-
> wendige. Sie können mich natürlich nicht verstehen,
> ich versteh mich selbst viel schlechter, wenn ich red, als
> wenn ich still bin. Ich kann gar nicht versuchen, Ihnen
> das zu explizieren, es ist halt etwas, was ich draußen
> begreifen gelernt habe: daß in den Gesichtern der
> Menschen etwas geschrieben steht.

Dicht beieinander liegen hier eine Erkenntnis (»in Ihnen
liegt das Notwendige«), die Nicht-Kommunizierbarkeit einer solchen Erkenntnis, ein Unsagbarkeitstopos, und ein zur
Wortsprache alternatives Medium, die physiognomischen
Zeichen, die sich lesen lassen.

In einer weiteren Volte des Gesprächs redet Hans Karl
vom Glück, das es bedeuten müsse, mit Helene zu leben,
und er empfiehlt ihr irgendeinen braven Mann – alles, was
er nicht sei. Hier nun hat er sich selbst erstmals als Ehemann ins Spiel gebracht – und löscht auch sich, wie vorher
alle anderen, sofort gründlich aus. Als er sich erhebt, setzt

Helene seine Rede und seine Körpersprache in Beziehung:
»(*Er steht auf.*) / HELENE (*steht auch auf, sie spürt, daß er
gehen will*). Sie sagen mir ja adieu!«, und auf das Schweigen
von Hans Karl reformuliert sie die Aussage in ihrer ganzen
paradoxalen Konstruktion:

> Auch das hab ich voraus gewußt. Daß einmal ein Mo-
> ment kommen wird, wo Sie mir so plötzlich adieu sa-
> gen werden und ein Ende machen – wo gar nichts war.
> Aber denen, wo wirklich was war, denen können Sie
> nie adieu sagen.

Von wem kann Hans Karl eigentlich Abschied nehmen?
Helenes Antwort: Von den Frauen, mit denen er ein Verhältnis hatte, kann er sich nicht trennen (das würde bedeuten, daß Hans Karl nicht nur bindungs-, sondern auch tren-
nungsscheu ist). Aber von jemandem wie ihr kann er das.
Hans Karl versucht zu erläutern und Helenes Version zu
korrigieren. Adieu-Sagen sei ein Zeichen, das etwas bedeutet (»Denn daß man jemandem adieu sagen muß, dahinter
versteckt sich ja was«). Und auf Helenes Rückfrage, was das
sei, antwortet er: »Da muß man sehr zu jemandem gehören und doch nicht ganz zu ihm gehören dürfen. / HELENE
(*zuckt*). Was wollen Sie damit sagen?«
    Hans Karl hat sich in ein Gewirr von Widersprüchen und
Paradoxien verstrickt, denen Helene hartnäckig nachspürt.
Sie läßt nicht eher locker, bis sie den Punkt erreicht, der entweder heilloses Chaos hinterläßt oder die Auflösung ver-
spricht. Insofern ist das Stück hier an einer Wendemarke.
    Was folgt, ist Hans Karls stockend erzählte, von Zweifeln
der Erzählbarkeit unterbrochene, von Helenes kurzen,
bestätigenden, rückfragenden, in jedem Falle das Erzählen
ermutigenden Zwischenbemerkungen angespornte Geschichte von seinem Verschüttetsein im Kriege. Es geht um
jene Grenzerfahrung, bei der er in Sekundenschnelle die Vision seines Lebens hatte, und in diesem Leben war Helene
seine Frau. Hans Karls Kriegserlebnis ist eine von Hof-

mannsthals zahlreichen »Offenbarungsgeschichten«, in denen sich momenthaft ein intuitives Wissen einstellt, eine Art Epiphanie, die aber nicht spirituell erscheint, sondern wie ein *fait accompli* – »da waren Sie meine Frau«! Einmal ausgesprochen, muß Hans Karl diese Geschichte sofort wieder entzaubern, indem er sich zum kuriosen Sonderling macht:

> Mein Gott, ich bin eben nicht möglich, das sag ich ja der Crescence! Jetzt sitz ich da neben Ihnen in einer Soiree und verlier mich in Geschichten, wie der alte Millesimo, Gott hab ihn selig, den schließlich die Leut allein sitzen haben lassen, mit seinen Anekdoten ohne Pointe, und der das gar nicht bemerkt hat und mutterseelenallein weitererzählt hat.

Helene aber besteht auf Klartext – »Sie haben mir etwas sagen wollen, war es das?« –, indem sie seine noch unabgeschlossene Geschichte auf die Pointe hin, auf ihren Sinn hin befragt. Sie will, daß er sich nicht in die vergangene Geschichte auslagert, sondern sie in die Gegenwart holt. Sie fordert seine Interpretation: »das war eine sehr subtile Lektion, die mir da eine höhere Macht erteilt hat. Ich werd Ihnen sagen, Helen, was diese Lektion bedeutet hat.« Diesen genuin dramatischen Moment inszeniert der Text geradezu filmisch. Die Musik im Hintergrund hört auf zu spielen, im Vordergrund geht es um jedes Wort, die *message*. Der ›Sender‹ ist eine nicht weiter benannte höhere Instanz, die eine Lektion erteilt.

> Es hat mir in einem ausgewählten Augenblick ganz eingeprägt werden sollen, wie das Glück ausschaut, das ich mir verscherzt habe. Wodurch ich mirs verscherzt habe, das wissen Sie ja so gut wie ich. [...] Indem ich halt, solange noch Zeit war, nicht erkannt habe, worin das Einzige liegen könnte, worauf es ankäm.

Hans Karl moralisiert: Er ergeht sich in Selbstanklage, wirft sich ein Versäumnis, eine nicht gelernte Lektion, eine nicht

bestandene Lebensprüfung vor – als sei ihm im Schützengraben ein pädagogisches Programm verordnet worden.
Und auf Helenes Nachfrage schildert er die Genesungszeit
im Krankenhaus, wo ihm die Ehe klargeworden sei. Hans
Karls Ehemetaphysik ist durchsetzt vom Einheitsgedanken
(»zwei Menschen, die ihr Leben aufeinanderlegen und werden wie ein Mensch«). Aber – nicht ganz zu Unrecht sagt
er selbst: »sonderbarerweise« – er phantasiert diese Vorstellungen nicht als seine, sondern Helenes Ehe. Nach dem Me-
chanismus eines wahrhaft Schwierigen löscht er also auch in
seiner nachträglichen Erzählung die Botschaft seiner Vision
im Schützengraben: »Da waren Sie meine Frau«. Er schneidet sich gleichsam aus dem Bildzentrum heraus, verbannt
die den Tagträumen eigene ›Ichperspektive‹ und setzt sich
als eine seltsam zwittrige (Zuschauer-)Figur ein, indem er
sowohl innerhalb als auch außerhalb der imaginierten Szene
ist. Kann man besser ein Dabeisein und Sich-Heraushalten,
die Ambivalenz von Nähe und Distanz konstruieren?

> ich hab mir das in einer ganz genauen Weise vorstellen
> können, wie das alles sein wird, und wie es sich abspie-
> len wird, mit ganz wenigen Leuten und ganz heilig
> und feierlich [...] und sogar das Ja-Wort hab ich ge-
> hört, ganz klar und rein, von Ihrer klaren, reinen Stim-
> me – ganz von weitem, denn ich war natürlich nicht
> dabei, ich war doch nicht dabei! – Wie käm ich als ein
> Außenstehender zu der Zeremonie – Aber es hat mich
> gefreut, Ihnen einmal zu sagen, wie ichs mit Ihnen
> mein. – Und das kann man nur in einem besonderen
> Moment; wie der jetzige, sozusagen in einem definiti-
> ven Moment –

Was Helene wollte, hat Hans Karl gerade nicht gesagt. Aber
sie ›versteht‹ trotzdem, weil sie deutungsmächtig ist. Es
könnte sich hier Karis frühere Aussage bestätigen, daß »das
Ganze [...] so ein unentwirrbarer Knäuel von Mißverständnissen« ist, denn die Sprache des Herzens und das Pro-

gramm des Adieu-Sagens haben sich in diesem ›definitiven‹ Moment tatsächlich so heillos verstrickt, daß die Körper mit naher Ohnmacht und Tränen kämpfen und Hans Karl vollends die Fähigkeit zu kompletten Sätzen verliert. Er macht einmal mehr die Unmöglichkeit der Rede dafür verantwortlich und flüchtet sich in Selbstanklagen und Entschuldigungen:

> Mein Gott, [...] das liegt an meiner unmöglichen Art, ich attendrier mich sofort, wenn ich von was sprech oder hör, was nicht aufs Allerbanalste hinausgeht – es sind die Nerven seit der Geschichte, aber das steckt sensible Menschen wie Sie natürlich an – ich gehör eben nicht unter Menschen – das sag ich ja der Crescence – ich bitt Sie tausendmal um Verzeihung, vergessen Sie alles, was ich da Konfuses zusammengeredt hab – es kommen ja in so einem Abschiedsmoment tausend Erinnerungen durcheinander [...] Adieu, Helen, Adieu.
> [...]
> HELENE *(kaum ihrer selbst mächtig)*. Adieu!
> *(Sie wollen sich die Hände geben, keine Hand findet die andere.)*

Mit Worten hat nun tatsächlich ein Abschied stattgefunden, aber den Körpern gelingt es nicht. In der Gebärdensprache der sich verfehlenden Hände werden uneingestandene Liebe und Abschied als eine durch und durch vertrackte Kommunikationssituation sichtbar. Würden sich die Hände finden, würde auch das Seelenzeichen des Körpersymptoms den Abschied besiegeln oder zumindest bekräftigen. Andererseits bezeichnen die sich verfehlenden Hände eben auch ein drohendes Verfehlen der Verbindung (komödiantisch gebrochen wird dies Verfehlen in der Gesprächsminiatur zwischen Helene und Crescence, die Helenes Erschütterung als Glück über Stanis Antrag interpretiert).

Der beinahe totale Stillstand der äußeren Handlung birgt

eine ungeheure innere Dynamik: Hans Karl hatte den Auftrag, Helene den Stani einzureden. Diesen Auftrag führt
Hans Karl derart unzulänglich aus, daß man ihn als geschei-
tert bezeichnen muß. Es ergeben sich dabei aber zwei er-
staunliche Nebeneffekte: Erstens bringt bei dieser Gelegenheit der so absichtslose Kari sich selbst ins Spiel, auch wenn
er das gleich wieder verleugnet. Und zweitens kommt bei
dieser Gelegenheit in Form einer Geschichte vom Verschüt-
tetwerden im Schützengraben und der Rekonvaleszenz im
Krankenhaus sein »Attachiertsein« an Helene zum Ausdruck; er macht ein indirektes Bekenntnis. So illustriert dieser Dialog beiläufig, wie durchs Reden alles und nichts auf
der Welt zustande kommen kann.

IV

Damit es aber überhaupt zu einer Verlobung kommt, muß
jemand handeln – in diesem Falle Helene. Und sie kann das
deshalb, weil sie interpretieren kann. So gelingt Hofmannsthal das Kunststück, zu zeigen, wie eine Liebesbeziehung
aus dem Reden gestiftet wird. Wenn es auf seiten Hans
Karls ein Wissen darüber gibt, daß Helene die richtige Part-
nerin ist, so stellt sich sein Wissen nicht über geteilte Erfahrungen oder Gespräche her. Es wird einem mystischen Of-
fenbarungsaugenblick zugesprochen oder aber einer – mo-
nologischen – Erinnerungsarbeit an Vorstellungen, die sich
das einsame Ich gemacht hat. In beiden Fällen handelt es
sich um isoliert gewonnene Einsichten und nicht um ein ge-
meinsames Tun. Andererseits gibt es die ›Archäologie‹ dieser Situation im Gespräch mit Helene. Hier entscheidet
sich, ob die Worte, die gleichsam eine ›allegorische Lektüre‹
erfordern, richtig gedeutet werden.

So würde im *Schwierigen* mit dem Thema des Sprechens
zugleich das der Interpretation verhandelt. Das »Leben ist
ein Zeichendeuten, ein *unaufhörliches*, wer nur einen Au-

genblick innehält thut seinem Tod ein Stück Arbeit zuvor«, heißt es bei Hofmannsthal einmal.[14] Helene ist ein *homo interpres.* Im Unterschied zu den Menschen voller Absichten mit ihren Programmen ›programmiert‹ sie Hans Karl aber nicht. Sie sucht zu verstehen, was von ihm aufscheint. Da dies Verstehen notwendig über das Sprechen geschieht, liegen gerade dort die Probleme. Denn wenn beim Sprechen Bewußtes und Unbewußtes, Ritualisiertes und ›Wildes‹ durcheinandergehen, ist die ›eigentliche Wahrheit‹ der Seele unerkennbar. Oder anders ausgedrückt: Da Inneres notwendig durch Sprache kommuniziert werden muß, Sprache aber wiederum konventionalisiert, normiert, ›kanalisiert‹ ist, entfremdet Sprache sich von den Subjekten und führt ein glorreiches oder klägliches Eigenleben. Und da auch das Subjekt selbst nicht mehr ›Herr im Haus‹ ist, wie Kari hellsichtig bemerkt (und Freud der Jahrhundertwende klargemacht hatte), gibt es keine zuverlässige Autorität, die die ›Wahrheit‹ verbürgen könnte. Was immerhin bleibt, ist die Möglichkeit der ›Archäologie‹ und der ›Interpretation‹, die freilich immer auch eine Verschiebung – eine räumliche Transposition und eine zeitliche Nachträglichkeit – bedeutet. Als Hans Karl sein Kriegserlebnis erzählt, ist das Geschehene vorbei und der Ort ein anderer. Und mehr noch: Hans Karls mystische Ehevision findet ohne Helene statt. Als Helene davon erfährt, sitzt sie nicht im Schützengraben, sondern im Trubel einer Soiree und muß sich einen Vers auf seine Rede machen. Sie erlebt nichts mit ihm zusammen, sondern befindet sich in einer Situation, in der Worte nachträglich eine isoliert gemachte Erfahrung vermitteln. Die erzählte Geschichte hat immerhin soviel Kraft und ›Authentizität‹, daß Helene sie einer Empfindung zuordnen kann, die nun wiederum sie für sich allein gewonnen hat, die ihrer Liebe zu diesem Mann. Und Hans Karl scheint im Erzählen der Geschichte seinerseits erst den Schatz entdeckt zu ha-

---

14 *Sämtliche Werke* XVIII, S. 16.

ben, der immer schon da war, der aber erst durch das Reden freigelegt und ›animiert‹ werden mußte. Insofern sind Hofmannsthals Wort, daß Hans Karl eine »Cur« mache – eine *talking cure* –, und Hans Karls Satz, daß durchs Reden alles zustande komme, stimmig.

Zusammengehörigkeit herzustellen, erfordert von den Partnern ganz Verschiedenes: Der eine hat die Vision der Zusammengehörigkeit, aber als völlig »einsames Individuum«. Der andere interpretiert verstehend diese Vision und ist damit gleichfalls in der Position des einsamen Individuums (denn die Person Helenes als Gesprächsgegenstand darf nicht verwechselt werden mit Helene als Gesprächspartnerin). Wie also können, darum muß es dem Lustspiel nun einmal gehen, zwei *singles* ein Paar werden?

V

Nach dem so widersprüchlichen Adieu im zweiten Akt zeigt der dritte, wie man vom sichtlich komplexen und zu Kompromissen zwingenden Sprechen zum Tun kommt. Es geht darum, wie aus einer Liebe, die im Reden ihre Geschichte bekommt, Werbung wird, wie sich die Antinomie von Sprechen und Tun auflöst.

Helene geht bis zum Äußersten. Nachdem sie erfahren hat, daß Graf Bühl die Soiree verlassen hat, gibt sie den Dienern eine Reihe knapper Anordnungen. Ihre Schritte sind ganz klar: Sie wird das Haus verlassen. Sie wird es allein verlassen. Sie will, daß ein Brief an ihren Vater überbracht wird – ein klassisch-patriarchalischer Ablösungsgestus einer Tochter, die sich vom Vater verabschiedet und in die Obhut eines anderen Mannes begibt. Sie wird Hans Karl nachlaufen. Helene legt eine traumhaft sichere konzertierte Aktion von Körper und Seele an den Tag. Und sie wächst dabei über sich hinaus, insofern sie etwas ganz und gar Unerhörtes zu tun bereit ist; jene unwiederholbare Tat, die bei Hofmannsthal zumeist die Frauen riskieren (Donna Dianora etwa in der *Frau im Fenster*, Elektra oder die Marschallin im *Rosenkavalier*), ein existentieller Grenzgang, bei dem alles auf dem Spiel steht. Konsequent ist diese Aktion an eine räumliche Schwelle gelegt:

> *(Helen ist durch die unsichtbare Tür links herausgetreten, im Mantel wie zum Fortgehen. [...] Gleichzeitig ist Karl durch die Glastür rechts sichtbar geworden; er legt Hut, Stock und Mantel ab und erscheint. Helene hat Karl gesehen, bevor er sie erblickt hat. Ihr Gesicht verändert sich in einem Augenblick vollständig. Sie läßt ihren Abendmantel von den Schultern fallen, und dieser bleibt hinter der Treppe liegen, dann tritt sie Karl entgegen.)*

Die Bühnenanweisung inszeniert das Problem der Grenze zwischen Sichtbarkeit und Unsichtbarkeit, Sehen und Gesehenwerden und findet theatrale Zeichen für diese Liebe, deren Klartext das Gespräch zwischen Hans Karl und Helene noch nicht freigelegt hatte. Beide begegnen sich an der Schwelle des Treppenhauses: Helene ist dabei, das Haus zu verlassen, Hans Karl kehrt gerade zurück. Er legt seine Ausgehkleidung ab. Sie läßt ihren Mantel achtlos fallen – eine unabsichtliche Geste der Entblößung und der Hingabe, nicht der Preisgabe. Sicher und »in einem leichten, fast überlegenen Ton« wendet sie sich ihm zu. Ihre Überlegenheit zeigt sich darin, daß im Hin und Her des schnellen Wortwechsels Hans Karl der unentwegt Fragende ist. Helene dreht schließlich den Spieß um, fragt und ›fixiert‹ ihn: Sie werden mir sagen, warum Sie zurückgekehrt sind! Hans Karl begründet seine Rückkehr mit der Absicht, Helene »ihre volle Freiheit [...] wiederzugeben«, ein Versprecher, den er in »Unbefangenheit« korrigiert. Er will also nicht wahrhaben, daß die Erzählung seiner Kriegsvision eine bindende Kraft hatte, und kommt zurück, weil er die Botschaft bestreiten will – und bestreitet das Bestreiten, indem er zurückkehrt.

Helene kennt sich aus mit Paradoxen, sie weiß schon,
und dieses Wissen um sein Innerstes hätte sie zum Äußersten schreiten lassen: Ihm nach, ›auf die Gasse‹, ins Kasino.
Es sind Synonyme für ihre Bereitschaft, ihr gesellschaftliches Ansehen als Adlige wie als Frau zu riskieren zugunsten jener ›höheren Notwendigkeit‹, als die diese Liebesbeziehung von Hans Karl bezeichnet und metaphysisch
codiert wurde.

Hier zeigt sich die Ideologie des Textes und seine Ehemetaphysik. Ihr Credo – man sollte es wenigstens nennen –
lautet:

> Darin ist aber so ein Grausen, daß der Mensch etwas
> hat finden müssen, um sich aus diesem Sumpf heraus
> zuziehen, bei seinem eigenen Schopf. Und so hat er das
> Institut gefunden, das aus dem Zufälligen und Unrei
> nen das Notwendige, das Bleibende und das Gültige
> macht: die Ehe.

Wo diese Notwendigkeit besteht, so Hans Karl, »da ist ein
Zueinandermüssen und Verzeihung und Versöhnung und
Beieinanderbleiben. Und da ist die Ehe und ein Heiligtum,
trotz allem und allem –«.

Zu dem Äußersten, zu dem Helene am Ende bereit ist,
gehört auch die Umkehr der konventionellen Geschlechtsrollen im Werbungsdiskurs:

> Jetzt weiß ich zwar nicht, ob du jemand wahrhaft lieb
> haben kannst – aber ich bin in dich verliebt, und ich
> will – aber das ist doch eine Enormität, daß Sie mich
> das sagen lassen!

Helene ist im Begriff, einen Heiratsantrag zu formulieren,
und dies ist eine ebensolche ›Enormität‹ wie das Wort
selbst. Als Hans Karl seine Liebe endlich zulassen kann,
wird seine Mühe erkennbar, die er mit dieser ›neuen Sprache‹ hat. »Da muß ich mich ja vor dir schämen«, sagt er, und
sie entgegnet: »Schäm ich mich denn vor dir? Ah nein. Die

Liebe schneidet ins lebendige Fleisch.« Nicht die Scham – diesen durch die Gesellschaft produzierten, verinnerlichten fremden, normierenden Blick, der nach dem Mythos des Sündenfallgeschehens als Erkenntnis von Gut und Böse die Welt moralisiert und von Sigmund Freud im ›Über-Ich‹ seinen festen Sitz im System ›Psyche‹ erhalten hat – will Helene gelten lassen. Jene andere Erfahrung, das ›hautnahe‹ Gefühl, will sie mit(ihm)teilen. In der Unmittelbarkeit des Schmerzes ist die Trennung von Innen und Außen aufgehoben. Als solcherart grenzüberschreitende Energie entzieht sich auch die Liebe der durch Gesetz und Vertrag geregelten gesellschaftlichen Ordnung und ihren Codes. Sie ist damit ›Ursinn‹, wie Hofmannsthal das Erleben bezeichnet hat.[15] Wenn Liebe ›ins Fleisch schneidet‹, kann sie verletzen und verletzbar machen. Liebe ›tut einem etwas an‹, berührt, dringt ein, versehrt und überschreitet. Sie ist eine »Bizarrerie« in der Welt der Konversation. Und dennoch leistet das Sprechen, dieser »ungeheure Kompromiß«, unabdingbare Hebammendienste für diese ›Wahrheit des Herzens‹.

Entwirft Hofmannsthal noch einmal ein romantisches Liebesmodell? Ein utopisches Ehemodell? Ein Widerstandsprogramm gegen die transzendentale Obdachlosigkeit im 20. Jahrhundert? In Hans Karls »trotz allem und allem«, so kann man vermuten, sind die großen Leerstellen und Zugeständnisse verborgen, die ein solches konservativ-sakrales Ehe- und Ordnungsmodell enthält. Aber gleichzeitig scheint auch ein bemerkenswertes androgynes Versöhnungsprogramm auf: ›sanfte Männlichkeit‹ und ›selbständige Weiblichkeit‹ stellen sich am Ende den (Rollen-)Zwängen der Gesellschaft ganz ›unabsichtlich‹ entgegen. Wäre es nur dies, diese beiden ›schwierigen‹ Typen hätten etwas zu tradieren. Die Stärke des Stückes liegt darin, daß es die Magie der Liebe und die sozialen Konventionen, das einsame

15 »In Erleben ist ein aktiver Ursinn, wie in Er-reichen, Er-eilen; aber niemand hört ihn mehr, und wir haben ein reines Passivum daraus gemacht«; *Reden und Aufsätze* III, S. 237.

Ich und die Gesellschaft, die Körpersprache und die Wortsprache, das unvergleichliche Individuum und die rituelle Austauschbarkeit, Männerrolle und Frauenrolle zusammenzudenken versucht – und dabei ihren Ort in der Sprache entdeckt, einen der großen Schauplätze des Lebens.

Inhalt